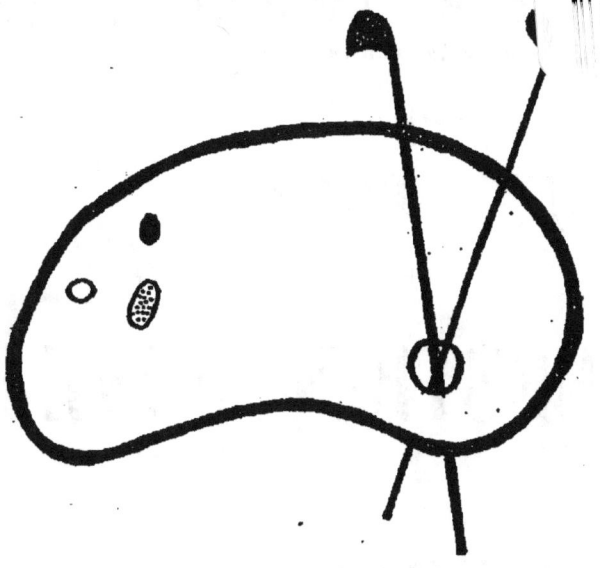

DEBUT D'UNE SERIE DE DOCUMENTS EN COULEUR

SCIENCE ET RELIGION
Études pour le temps présent

SAINT THOMAS
ET
LA QUESTION JUIVE

PAR

SIMON DEPLOIGE

Professeur a l'Université Catholique de Louvain

PARIS
LIBRAIRIE BLOUD ET BARRAL
4, RUE MADAME ET RUE DE RENNES, 59

1899

SCIENCE ET RELIGION

Etudes pour le temps présent

Collection de vol. in-12 de 64 pages *compactes*.
Prix : **0 fr. 60** le vol.

Les revues et les journaux les plus importants de la presse conservatrice et catholique ont accueilli avec les plus grands éloges les **Etudes pour le temps présent**.

C'est avec la plus rigoureuse méthode scientifique — mais mise à la portée de toutes les intelligences quelque peu cultivées — qu'elles traitent les problèmes et les questions qui tourmentent l'âme contemporaine et déroutent les meilleurs esprits.

Le nom de l'auteur de chacune d'elles est une recommandation.

Dès l'apparition des premiers volumes, les **Etudes pour le temps présent** ont obtenu un succès dépassant toute espérance. « *Elles ne méritent pas seulement d'être lues*, a écrit dans l'*Univers* un excellent juge, M. Edmond Biré, *ce sont des armes pour le bon combat; il faut les répandre.* »

Ouvrages parus

— **L'Apologétique historique au XIX· siècle. — La Critique irréligieuse de Renan** (*Les précurseurs — La vie de Jésus — Les adversaires — Les résultats*), par l'abbé Ch. Denis, directeur des *Annales de philosophie chrétienne*. 1 vol.

— **Nature et Histoire de la liberté de conscience**, par M. l'abbé Canet, docteur en philosophie et ès lettres de l'Université de Louvain, ancien professeur de théologie dogmatique au grand séminaire de Lyon. 1 vol.

— **L'Animal raisonnable et l'Animal tout court**, *étude de psychologie comparée*, par C. de Kirwan. 1 vol.

— **La Conception catholique de l'Enfer**, par M. Brémond, docteur en théologie, professeur de dogme au grand séminaire de Digne. 1 vol.

— **L'Eglise Russe**, par I.-L. Gondal, professeur d'apologétique et d'histoire au séminaire Saint-Sulpice. 1 vol.

— **La Fausse Science contemporaine et les Mystères d'Outre-tombe**, par le R. P. Th. Ortolan, O. M. I. 1 vol.

— *Du même auteur :* **Vie et Matière ou Matérialisme et Spiritualisme en présence de la Cristallogénie**. 1 vol.

— *Du même auteur :* **Matérialistes et Musiciens**. 1 vol.

— **Le Mal, sa nature, son origine, sa réparation.** *Aperçu philosophique et religieux*, par M. l'abbé Constant, docteur en théologie, lauréat de l'Institut catholique de Paris. 1 vol.

— **Dieu auteur de la vie**, par M. l'abbé Thomas, vicaire général de Verdun. 1 vol.

— *Du même auteur :* **La Fin du monde d'après la Foi**. 1 vol.

— **L'Attitude du catholique devant la Science**, par G. Fonsegrive, directeur de la *Quinzaine*. 1 vol.

— *Du même auteur :* **Le Catholicisme et la Religion de l'Esprit**. 1 vol.

— **Du doute à la Foi,** le besoin, les raisons, les moyens, les devoirs, la possibilité de croire, par le R. P. TOURNEBIZE, S. J. 4ᵉ édition. 1 vol.

— **La Synagogue moderne,** sa doctrine et son culte, par A. F. SAUBIN. 1 vol.

— **Evolution et Immutabilité de la doctrine religieuse dans l'Eglise,** par M. PRUNIER, supérieur au grand séminaire de Séez. 1 vol.

— **La Religion spirite,** son dogme, sa morale et ses pratiques, par I. BERTRAND. 1 vol.

— **L'Hypnotisme franc et l'Hypnotisme vrai,** par le docteur HÉLOT, auteur de *Névroses et Possessions diaboliques.* 1 vol.

— **Convenance scientifique de l'Incarnation,** par Pierre COURBET. 1 vol.

— **L'Eglise et le Travail manuel,** par l'abbé SABATIER, du clergé de Paris, docteur en droit canon. 1 vol.

— **L'Inquisition,** son rôle religieux, politique et social, par G. ROMAIN, auteur de : *L'Eglise et la Liberté.* 1 vol.

— **Unité de l'espèce humaine,** *prouvée par la similarité des conceptions et des créations de l'homme,* par le marquis de NADAILLAC. 1 vol.

— **Le Socialisme contemporain et la Propriété.** — *Aperçu historique,* par M. Gabriel ARDANT. 1 vol.

— **Pourquoi le Roman immoral est-il à la mode et pourquoi le Roman moral n'est-il pas à la mode ?** *Etude sociale et littéraire,* par G. d'AZAMBUJA. 1 vol.

— **Certitudes scientifiques et Certitudes philosophiques,** par le R. P. DE LA BARRE, S. J., professeur à l'Institut catholique de Paris. 2ᵉ édition. 1 vol.

— **L'Ame de l'homme,** par J. GUIBERT, supérieur du séminaire de l'Institut catholique de Paris. 2ᵉ édition. 1 vol.

— **Faut-il une religion ?** par M. l'abbé GUYOT, ancien professeur de théologie. 2ᵉ édition. 1 vol.

— *Du même auteur :* **Pourquoi y a-t-il des hommes qui ne professent aucune religion ?** 2ᵉ édition. 1 vol.

— **Nécessité scientifique de l'existence de Dieu,** par P. COURBET, 2ᵉ édition. 1 vol.

— *Du même auteur :* **Jésus-Christ est Dieu.** 2ᵉ édition. 1 vol.

— **Etudes sur la pluralité des mondes habités et le dogme de l'Incarnation,** par le R. P. ORTOLAN, docteur en théologie et en droit canonique, lauréat de l'Institut catholique de Paris, membre de l'Académie de Saint-Raymond de Pennafort. 2ᵉ édition. 3 vol.
  I. — *L'Epanouissement de la vie organique à travers les plaines de l'infini.* 1 vol.
  II. — *Soleils et terres célestes.* 1 vol.
  III. — *Les Humanités astrales et l'Incarnation.* 1 vol.
  Chaque vol. se vend séparément.

— **L'Au-delà ou la Vie future d'après la foi et la science,** par M. l'abbé J. LAXENAIRE, docteur en théologie et en droit canon, et de l'Académie de Saint-Thomas-d'Aquin, professeur au grand séminaire de Saint-Dié. 2ᵉ édition. 1 vol.

— **Le Mystère de l'Eucharistie. — Aperçu scientifique,** par M. l'abbé CONSTANT, docteur en théologie, lauréat de l'Institut catholique de Paris. 2ᵉ édition. 1 vol.

— **L'Eglise catholique et les Protestants**, par G. ROMAIN, auteur de : *L'Eglise et la Liberté* et *Le Moyen Age fut-il une époque de ténèbres et de servitude ?* 2ᵉ édition. 1 vol.

— **Mahomet et son œuvre**, par I. L. GONDAL, professeur d'apologétique et d'histoire au séminaire Saint-Sulpice. 2ᵉ édition. 1 vol.

— **Christianisme et Bouddhisme** *(Etudes orientales)*, par M. l'abbé THOMAS, vicaire général de Verdun. 2ᵉ édition. 2 vol.

Première partie : *Le Bouddhisme*.
Deuxième partie : *Le Bouddhisme dans ses rapports avec le christianisme.* — *Ascétisme oriental et ascétisme chrétien.*

— **Où en est l'hypnotisme**, son histoire, sa nature et ses dangers, par A. JEANNIARD DU DOT, auteur du *Spiritisme dévoilé*. 2ᵉ édit. 1 vol.

— *Du même auteur* : **Où en est le Spiritisme**, sa nature et ses dangers. 2ᵉ édition. 1 vol.

Viennent de paraître :

— **L'Ordre de la nature et le Miracle**, faits surnaturels et forces naturelles, chimiques, psychiques, physiques, par le R. P. DE LA BARRE, S. J., professeur à l'Institut catholique de Paris. 1 vol.

— **L'Homme et le Singe**, par M. le marquis de NADAILLAC. 2 vol.

— **Opinions du jour sur les peines d'outre-tombe.** *Feu métaphorique — Universalisme — Conditionnalisme — Mitigation,* par le P. TOURNEBIZE, S. J. 1 vol.

— **Comment se sont formés les Evangiles.** *La question synoptique — L'Evangile de Saint Jean,* par le P. TH. CALMES, professeur au grand séminaire de Rouen. 1 vol.

— **Le Talmud et la Synagogue moderne**, par A. F. SAUBIN. 1 vol.

— **L'Occultisme ancien et moderne.** *Les mystères religieux de l'antiquité païenne — La kabbale maçonnique — Magie et magiciens fin de siècle,* par I. BERTRAND. 1 vol.

— **L'Hypnotisme transcendant en face de la philosophie chrétienne**, ouvrage dédié au Dʳ CH. HÉLOT, par A. JEANNIARD DU DOT. 1 vol.

— **L'Impôt et les Théologiens.** *Etude philosophique, morale et économique,* par le comte de VORGES, ancien ministre plénipotentiaire, membre de l'Académie de Saint-Thomas, etc., etc. 1 vol.

— **Nécessité mathématique de l'Existence de Dieu.** *Explications — Opinions — Démonstration,* par René de CLÉRÉ. 1 vol.

— **Saint Thomas et la Question juive**, par Simon DEPLOIGE, professeur à l'Université Catholique de Louvain. 1 vol.

— **Premiers principes de Sociologie Catholique**, par l'abbé NAUDET, professeur au collège libre des sciences sociales, directeur de la *Justice Sociale*. 1 vol.

— **Le déluge de Noé et les races Prédiluviennes**, par C. de KIRWAN. 2 vol.

— **La Patrie.** — *Aperçu philosophique et historique,* par J. M. VILLEFRANCHE. 1 vol.

— *Protestants et Catholiques au* XVIᵉ *siècle.* — **La Saint-Barthélemy**, par Henri HELLO. 1 vol.

— **L'Esprit et la Chair.** *Philosophie des macérations,* par Henri LASSERRE, auteur de *Notre-Dame de Lourdes*, etc., etc. 1 vol.

Imp. des Orph.-Appr., D. Fontaine, 40, rue La Fontaine, Paris-Auteuil.

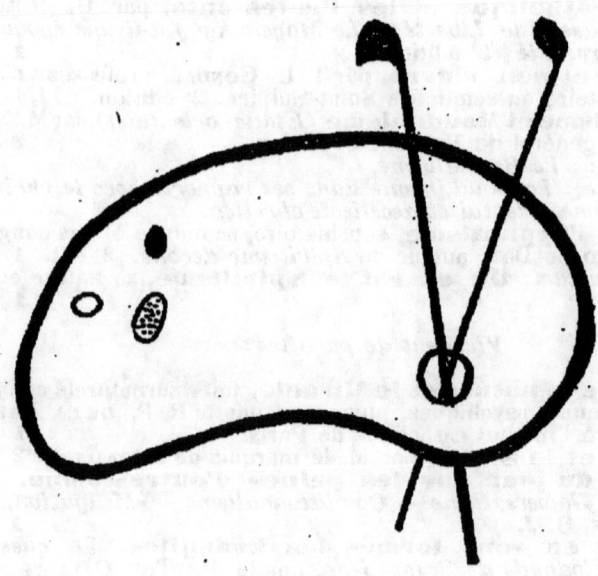

**FIN D'UNE SERIE DE DOCUMENTS
EN COULEUR**

SCIENCE ET RELIGION
Études pour le temps présent

SAINT THOMAS
ET
LA QUESTION JUIVE

PAR

SIMON DEPLOIGE
Professeur à l'Université Catholique de Louvain

PARIS
LIBRAIRIE BLOUD ET BARRAL
4, RUE MADAME ET RUE DE RENNES, 59
1899

DU MÊME AUTEUR

Le Referendum royal, Bruxelles, 1891.

Le Referendum en Suisse, 1 volume gr. in-8°, Bruxelles, 1892. Prix : 3 fr. 50.
  Cet ouvrage a été traduit en anglais et édité, en 1898, chez Longmans, Green et C¹ᵉ à Londres ; il fait partie de la collection des volumes publiée par l'*Ecole londonienne des sciences économiques et politiques*.

Le Vote obligatoire en Suisse, Bruxelles, 1893.

La Théorie Thomiste de la Propriété, Louvain, 1895. Prix : 1 franc.

Le « Boerenbond » belge, Louvain, 1897.

Politique catholique et Politique socialiste, Louvain, 1898.

Saint Thomas et la question Juive

INTRODUCTION

Il existe une question juive, parce que, disséminés par le monde, les Juifs ont, en tous pays, un caractère religieux, national et économique qui les isole.

Leur religion propre les distingue ; dans leurs perpétuelles migrations, les Juifs ont gardé presque inaltérés, les croyances et les rites de leurs ancêtres de Judée. Unis entre eux, ils forment nation par le désir ; ils rêvent Jérusalem rebâtie et, sous tous les régimes comme sous toutes les latitudes, ils restent eux-mêmes, réfractaires à l'absorption des nationalités ambiantes. Leur économie politique, elle aussi, les singularise ; ils ne se mêlent pas au peuple pour produire, mais vivent d'agio et se confinent dans quelques professions lucratives.

Éminemment complexe apparaît donc la question juive, sous son triple aspect religieux, national et économique. Les Juifs dispersés la posent et par leur culte et par leur race et par leurs occupations.

Sur leur chemin, ces éternels nomades ont peut-être rencontré plus d'ennemis déclarés que de juges impartiaux. Et certes, la fameuse question juive a été maintes fois résolue, de parti pris, dans un sens défavorable à Israël.

« Antisémitisme », tel est le terme adopté par nos contemporains pour désigner le mouvement d'hostilité des non-Juifs contre les Juifs. Le mot est nouveau ; philologues et ethnologues l'ont critiqué ; mais la chose est vieille, et si la question juive est complexe, l'antisémitisme l'est aussi.

Il est d'abord un état d'âme, — aversion vague, répugnance imprécise, horreur indéfinie. Chez les gens du peuple, cela se traduit par des actes de mauvais gré, par des injures, par des coups ; chez les gens de plume, par des satires, des pamphlets, des caricatures.

Des savants ont élevé l'antisémitisme à la hauteur d'une théorie. Dans leurs recherches de physiologie et de pathologie sociales, ils ont étudié la fonction du Juif, et celui-ci leur est apparu comme un ferment infectieux, comme un dangereux parasite.

« Sus au Youtre ! » se sont alors écriés de brillants publicistes, vulgarisateurs de la théorie, amoureux, d'ailleurs, de la Patrie et des traditions nationales. « Il est partout, cet exotique, et ne devrait être nulle part. Boutez-le dehors, peuple autochtone ! » Et, sur cette idée, un parti s'est constitué, très bruyant par moments en France, et remarquablement organisé en Autriche.

État d'âme, théorie sociologique, parti politique, l'antisémitisme est vaguement tout cela. Mais il désigne surtout une législation. A la fois querelle d'Églises, conflit de races et lutte de classes, la question juive a fatalement provoqué l'intervention des pouvoirs publics. Le droit canon, les codes de Théodose et de Justinien, les lois des Wisigoths, les ordonnances du moyen âge, les ukases des Tsars ont fait une situation spéciale aux populations juives, — confession hostile au sein des croyants orthodoxes ; tribu nomade, campée dans l'État ; consortium de financiers, redoutables pour les vrais producteurs de richesse.

L'objet de cette étude est de préciser la solution donnée par saint Thomas d'Aquin à la complexe question juive et d'apprécier son antisémitisme.

Dans l'histoire d'Israël, l'époque de saint Thomas est certes au premier rang des épisodes intéressants. Le grand concile de Latran s'occupe des Juifs dans trois de ses soixante-dix canons. Les synodes régionaux reprennent les principes du concile œcuménique et les précisent. Saint Louis et Frédéric II consacrent aux gens de rouelle des ordonnances célèbres. Théologiens et rabbins discutent et Blanche de Castille assiste à ces joutes intéressantes. Sur ces entrefaites, le général des Dominicains, Raymond de Pennafort, — à la demande duquel saint Thomas écrit la Somme contre les Gentils, — apprend l'hébreu et publie son *Pugio fidei* contre les Talmudistes. D'autre part, le grand mouvement des croisades exaspère les antipathies latentes dans les couches populaires contre la race déicide et usurière. Papes, évêques, princes ont à s'interposer fréquemment entre les Juifs menacés et les émeutiers, entre les usuriers et leurs dupes. — Dès cette époque, tous les aspects de la question juive sollicitent donc l'attention.

CHAPITRE PREMIER

LA QUESTION JUIVE ENVISAGÉE COMME PROBLÈME RELIGIEUX

Emporté par le courant de ses études favorites, c'est principalement du côté religieux que saint Thomas aborde la question juive.

Les polémiques doctrinales que d'aventure il mène contre les rabbins, nous intéressent peu (1). A notre point de vue, il s'agit moins de connaître son sentiment à l'endroit de la religion des Juifs, que de savoir son attitude vis-à-vis des Juifs de religion.

Or ses dispositions à leur égard peuvent se résumer en deux mots : « Point d'hostilités. Rien que des mesures défensives. Liberté pour les Juifs. Protection pour les chrétiens. »

§ I. — Libertés reconnues par saint Thomas aux Juifs de religion.

Liberté pour les Juifs ! qu'on s'abstienne donc de leur faire violence pour les convertir au christianisme.

Liberté pour les Juifs ! qu'on évite donc de

---

(1) Cfr. Dr J. GUTTMANN, *Das Verhœltniss des Thomas von Aquino zum Judenthum und zur jüdischen Litteratur*. Gœttingen, 1891.

baptiser leurs enfants si les parents y font opposition.

Liberté pour les Juifs ! qu'on les autorise donc à pratiquer leur culte sans entraves.

Écoutons les développements de la pensée thomiste.

La volonté de l'homme jouit du privilège de se déterminer elle-même. Un acte ne porte l'empreinte de notre personnalité que s'il est le résultat d'une décision prise sans contrainte. La faculté volitive, il est vrai, est susceptible de pression ; elle peut donner un commandement sous l'empire de la peur, sous le coup d'une menace. Mais un acte, consenti dans ces conditions anormales, est vicié dans ses origines. Il y a contre-façon intégrale ou partielle. La responsabilité de l'auteur prétendu est dégagée dans la mesure de l'intimidation exercée sur lui ; son mérite aussi est éventuellement diminué dans la même proportion.

Or, le *Credo* doit être un acquiescement librement consenti de l'intelligence à la vérité révélée. Sinon il n'est qu'un verbe sans pensée et n'engage pas l'homme qui fait profession de foi. — Arrière donc tout moyen violent, comme instrument de conversion !

La pensée pourrait venir peut-être de contraindre pour leur bien les incroyants récalcitrants ? — Si l'intention est bonne, le procédé est inadmissible. Croire est affaire de volonté. Et la volonté ne se violente pas (1).

---

(1) « Aucune contrainte, dit saint Thomas, ne doit être exercée sur les Juifs pour les amener à croire, parce que croire est affaire de volonté. La volonté ne peut subir de contrainte. » (*Somme théologique*, II, II, q. 10, art. 8.)

Cela est vrai pour tout homme, même pour celui qui porte la livrée de l'esclave, parce que cela est dans la nature des choses. Il n'y a pas deux façons d'entrer dans l'Eglise. Seigneurs et serfs, vainqueurs et vaincus sont sur le même pied. S'ils deviennent catholiques, ce doit être de leur volontaire décision. Les Chrétiens ne peuvent par conséquent convertir de force les Infidèles qu'ils auraient faits prisonniers à la suite d'une guerre : « *Les chrétiens, dans leurs guerres contre les Infidèles, n'ont point pour but de les contraindre à croire, car, les eussent-ils vaincus et réduits en captivité, qu'ils devraient encore leur laisser la liberté de décider s'ils veulent embrasser la foi* (1). »

Faut-il ajouter que la théorie thomiste est conforme à la doctrine et à la pratique autorisées de l'Église (2) ? Saint Thomas lui-même invoque en sa faveur les décrets du droit canon (3). Et c'est vraiment bien mal connaître l'Église que de lui supposer le désir de faire du prosélytisme à la façon de Mahomet qui, suivant l'expression de Lacordaire, apportait sa doctrine au bout d'un cimeterre. A quoi bon, en effet, des conversions simulées et d'hypocrites professions de foi, sinon à profaner les sacrements dont l'Église est la dispensatrice ?

---

(1) *Sum. theol.* II. II. q. 10, art. 8.

(2) Les Juifs reconnaissent que l'Église s'est opposée aux conversions forcées. (Voir GRAETZ, *Geschichte der Juden*, 1ᵉ édit. Leipzig, 1861, tome V. pp. 41, 51 ; t. VI. p. 282 ; t. VII, p. 9 et 110. —Cfr. E. CARMOLY, *Revue orientale*, t. I, p. 44 ; t. II, p. 151.)

(3) Le canoniste Gonzalez Tellez résume en ces mots la doctrine du droit canon : « *On ne doit point contraindre les Juifs à recevoir le baptême, contre leur gré et consentement.* » Voir GONZALEZ TELLEZ. *Commentaria perpetua in singulos textus quinque librorum decretalium Gregorii IX.* Venetiis, 1699. Tome V.

Or l'Église a le respect des sacrements et le sacrilège lui est en horreur. Elle n'a que faire de pseudo-chrétiens dont le cœur renie les paroles que la bouche profère (1).

Il est remarquable que la tolérance de saint Thomas est de la plus absolue sincérité. Le dominicain du xiii° siècle reste conséquent avec lui-même, quand il résout la question de savoir s'il est permis de baptiser les enfants juifs sans le consentement de leurs parents. C'est là un problème troublant assurément pour le Chrétien, qui sait l'efficacité du baptême par lequel le baptisé est engendré à la vie de grâce ! Mais saint Thomas n'hésite point. Baptiser les enfants contre le gré des parents, dit-il, serait une injustice, doublée d'une imprudence.

Une injustice, car on lèse le droit d'autrui. L'éducation de l'enfant est l'affaire des parents ; c'est leur devoir et leur privilège. Personne ne peut se substituer à eux dans cette mission sacrée. Il leur appartient de guider dans la vie celui qu'ils ont procréé, de déposer dans son intelligence la semence de la vérité et dans son cœur les germes de la vertu. Tant que l'enfant n'a pas l'usage de la raison et du libre arbitre,

---

(1) C'est l'observation de Cajetan, le commentateur de saint Thomas : « La crainte affaiblit la volonté... Aussi les menaces et la terreur par lesquelles les princes contraignent leurs sujets à embrasser la foi, n'aboutissent qu'à une conversion servile mais non volontaire et par là au sacrilège. Car recevoir les sacrements sous l'empire de la violence c'est les profaner. Il est directement opposé à l'esprit de la Religion de contraindre des hommes entièrement étrangers à l'Eglise, d'embrasser la Foi, parce que c'est contraire à la liberté requise pour la réception des sacrements... C'est certainement un mal plus grand de vivre secrètement en infidèle, après avoir reçu les sacrements, que de vivre librement en infidèle, parce que par là, du moins, on évite de profaner les sacrements. »

ses parents délibèrent pour lui. Ils décident souverainement de la religion qui sera la sienne, jusqu'à l'heure où le jeune homme sera en âge d'être son propre conseil (1).

La foi de l'enfant baptisé contre le gré de ses auteurs, courrait d'ailleurs de grands dangers. Persévérera-t-il dans la religion chrétienne ? Le souvenir de l'injure faite à ses parents, ne viendra-t-il pas l'ébranler un jour ? La défection est certes à craindre. Il a constamment sous les yeux l'exemple d'une famille pratiquant un culte différent. L'ascendant de ceux dont il est né et qu'il entoure de son affection, le fera facilement revenir à la religion des ancêtres (2).

Ici encore saint Thomas remarque l'harmonie de ses idées avec la tradition de l'Église qui s'est toujours opposée à ces baptêmes subrepticement administrés : « *Il n'entra jamais dans les usages de l'Église de baptiser les enfants des Juifs contre le gré de leurs parents. Et cela pour une double raison : c'eût été mettre en péril la foi de ces enfants et cela est contraire à la justice naturelle (3).* »

Il est piquant, après cela, d'entendre le

---

(1) « *Il ne faut faire d'injure à personne et c'en serait faire une aux Juifs que de baptiser leurs enfants malgré eux.*» (Somme théologique, II, II, q. 10. art. 12). « Si les enfants d'infidèles n'ont pas encore l'usage du libre arbitre, le droit naturel remet aux parents le soin de les diriger aussi longtemps qu'ils ne pourront veiller eux-mêmes à leurs intérêts : il serait donc contraire à la justice naturelle de baptiser ces enfants contre la volonté de leurs parents. » (Som. théol., III, q. 68, art. 10.) — On a objecté à ces conclusions de saint Thomas que les parents méritent d'être privés de leur autorité parce qu'ils en usent mal et qu'ils agissent à l'encontre de l'intérêt des enfants en s'opposant à leur baptême. Cajetan discute longuement cette objection et défend le sentiment de saint Thomas.

(2) *Sum. theol.*, III, q. 68, art. 10.
(3) *Sum. theol.*, II, II, q. 10, art. 12.

théoricien révolutionnaire moderne formuler sa pensée sur le problème de l'éducation des enfants. Écoutez ces paroles de J.-J. Rousseau : « On doit d'autant moins abandonner aux lumières et aux préjugés des pères l'éducation des enfants, qu'elle importe à l'État encore plus qu'aux pères (1). »

Quel contraste de doctrines ! D'une part le respect, de l'autre le mépris des droits du père de famille. Ne dirait-on pas, à méditer les paroles de Jean-Jacques, qu'elles ont été le mot d'ordre de la guerre scolaire menée par le libéralisme contre l'Église ? On a laïcisé l'école officielle dans son personnel et dans son enseignement ; on en a décrété la gratuité dans l'espoir de lui assurer le monopole ; les institutions libres persistant quand même à faire une redoutable concurrence, on s'est ingénié à les combattre perfidement, quand on n'est pas allé jusqu'à la persécution brutale. Cependant, on rendait l'instruction obligatoire et les pères de famille devaient abdiquer leur inaliénable autorité entre les mains de l'État neutre, maître d'école (2).

Ah ! vraiment, le libéralisme peut se vanter d'avoir fait valoir les principes de Rousseau. Il les a fait fructifier abondamment.

Le libéralisme se meurt aujourd'hui et les socialistes s'apprêtent à recueillir sa succession anti-cléricale. Soyons-en bien certains, ils ne reculeront pas devant une acceptation pure

---

(1) J.-J. ROUSSEAU. *Discours sur l'économie politique*, 302, cité par TAINE, *L'Ancien régime*, p. 323.
(2) JULES SIMON a consigné les étapes de cette lutte scolaire qui, en France, ne connut point de trêve, dans son élégant volume : *Dieu, Patrie et Liberté*. (Paris, 1894).

et simple. Le régime scolaire libéral et maçonnique cadre trop bien avec leurs plans politiques pour qu'ils songent à réclamer le bénéfice d'inventaire. Qui en doute, lise les aperçus de Bebel sur l'éducation des enfants en société collectiviste (1).

*
* *

Ne pas contraindre est une des modalités de la liberté. Ne pas prohiber en est une autre.

« L'homme qui veut me forcer d'aller à la messe, celui qui veut m'empêcher d'y aller me sont également odieux », dit Maxime Du Camp (2). « La tyrannie qui consiste à imposer, écrit Jules Simon, ne doit pas être détruite au profit de la tyrannie qui consiste à empêcher. Elle doit tomber comme toutes les tyrannies, au profit de la liberté. La liberté des cultes implique le droit de choisir sa religion et de la professer librement (3). »

Saint Thomas le comprend de même. S'il ne contraint pas les Juifs à entendre la messe, il ne leur interdira pas davantage de fêter le sabbat. Tandis que les fidèles chantent le *Credo* sous les voûtes des cathédrales gothiques, les Juifs dans leurs synagogues réciteront les psaumes de l'Ancienne Loi et recevront les instructions des rabbins.

(1) A. Bebel, *La femme dans le passé, le présent et l'avenir*, traduction française par Henri Ravé, Paris, 1891, pp. 304 et suiv. — Bebel affirme lui-même le rapport de filiation qui unit les doctrines socialistes aux doctrines révolutionnaires destructives de la liberté, en citant ces mots de Rousseau : « L'éducation doit être publique, égale et commune. »
(2) M. Du Camp, *La Charité privée à Paris*.
(3) J. Simon, *La Liberté*, t. II, p. 360. 2ᵐᵉ édit. Paris, 1859.

Une toute spéciale raison dicte cette tolérance à l'endroit du culte israélite. Il mérite des égards parce que la religion juive a été l'annonciatrice de la religion chrétienne. Les sacrifices de l'Ancienne Loi sont la pâle figure prophétique du sacrifice auguste du Nouveau Testament. Malgré eux, les Juifs rendent témoignage au Christ. Ils sont « les gardiens providentiels du Livre et les témoins involontaires des prophètes (1) ».

La ressemblance entre les conclusions de saint Thomas et celles de certains publicistes libéraux de bonne foi pourrait donner lieu à un malentendu. Des deux côtés, on réclame la liberté, — mais au nom de principes différents.

Saint Thomas a la conviction profonde et raisonnée que la religion chrétienne est la seule vraie, la seule bonne. Et néanmoins il s'oppose à ce qu'on contraigne les Juifs à l'embrasser. Pourquoi ? Par respect pour l'acte de foi et pour les sacrements. L'acte de foi exige une libre adhésion de la volonté. Sans ce consentement, le *Credo* est un vain mot et la réception des sacrements un sacrilège.

Tout autre le sentiment des libéraux modernes. Ils « n'adoptent en particulier aucune forme religieuse ; ils sont indifférents aux religions positives ». Pourquoi « ne croient-ils pas à la révélation ; et à tel ou tel dogme particulier » ? « Parce que chacun des cultes existants
« s'appuie sur des démonstrations qui sont con-
« testées par tous les autres et qui ne portent

---

1) *Sum. theol.* II. II, q. 10, art. 11. Voir sur ce point la *Doctrine du Droit canon* dans Gonzalez Tellez, *op. cit.*, titre VI, chap. 3.

« en aucune façon le caractère de l'évidence (1). »

Jules Simon, à qui nous empruntons ces mots, tient donc pour « la liberté de penser », quoiqu'elle « puisse n'être que la liberté du scepticisme ». Et il ajoute qu'elle « ne peut être fondée que sur le droit qu'a la conscience humaine de former librement et de professer sans entraves ses opinions ».

Pour tout dire, saint Thomas est tolérant par conviction religieuse; Jules Simon l'est par indifférence.

§ II. — Mesures de protection réclamées par saint Thomas en faveur des Chrétiens.

Saint Thomas, avons-nous dit, donne au problème religieux posé par les Juifs, une double solution.

Il proscrit d'abord, — c'est ce que nous venons de constater, — toute politique oppressive.

Il recommande ensuite, — nous allons le voir, — des mesures protectrices pour la religion des Catholiques. C'est ici que son antisé-

---

(1) JULES SIMON, la Liberté, t. II, p. 380. Athée, J. Simon se refuse toutefois à l'être : « L'Etat ne peut être athée. Il a une religion. Sa forme est la religion naturelle. » Et « pourquoi l'Etat croit-il à Dieu et à la morale ? » — « Parce que l'existence de Dieu et de la loi morale sont des vérités communes que tous les esprits confessent, auxquelles nous croyons par une impulsion naturelle et qui sont nécessaires au règlement de la vie et à l'existence des sociétés. »
Mais Jules Simon écrivait cela dans sa jeunesse, l'âge des illusions, avant que l'événement l'eût obligé à faire, dans un de ses derniers livres, Dieu, Patrie et Liberté, la constatation douloureuse que l'existence de Dieu n'était plus en France « une vérité commune confessée par tous les esprits ». Depuis la publication de la Liberté, jusqu'à celle de Dieu, Patrie et Liberté, l'hérésie libérale avait eu le temps de développer ses conséquences.

mitisme va se révéler, — car jusqu'à présent nous n'en avons trouvé de traces.

Le point de vue de saint Thomas est celui-ci : Le judaïsme, se dit-il, est faux. Tant pis pour ceux qui s'y obstinent. Nous ne pouvons les contraindre à se faire chrétiens. Mais nous devons mettre les Catholiques en garde contre le prosélytisme des Juifs ; nous devons empêcher ceux-ci de se livrer à une propagande funeste à notre foi. — L'examen des écrits où il s'occupe de la situation à faire aux Juifs de religion, démontrera que c'est là le fond et le résumé de sa pensée.

Protéger la religion des Chrétiens contre les tentatives de corruption des Juifs, tel est donc son postulat antisémite. Les mesures pratiquement recommandées sont, les unes d'application universelle, les autres liées à l'état social et politique du moyen âge. Nous allons les passer en revue.

C'est d'abord la recommandation faite aux Catholiques d'être prudents dans leurs relations avec les Juifs. Ne les fréquentez, dit-il, qu'en cas de nécessité et si vous êtes, d'ailleurs, fermes dans la foi. Évitez d'entretenir avec eux des rapports de familiarité, si votre religion est vacillante et si rien ne vous oblige à les voir (1).

Le conseil donné par saint Thomas est de

---

(1) *Somme théologique*, II, II, q. 10, art. 9. — Il est à remarquer que saint Thomas est plus explicite et plus sévère lorsqu'il s'occupe des rapports entre fidèles et hérétiques. Il affirme ici en termes absolus, que tous rapports doivent être interdits ; non seulement parce que les hérétiques sont des excommuniés, mais encore pour plusieurs autres raisons : D'abord pour le danger que peut courir la foi des chrétiens frayant avec les hérétiques. Ensuite, pour éviter que ces rapports ne soient interprétés comme un assentiment donné à l'hérésie. Enfin, pour ne pas troubler et tromper les naïfs et les simples. (S. THOMAS, *Quodl.* 10. art. 15.)

bon sens élémentaire. Il est l'écho du « *Ne ave eis dixeritis* » de l'apôtre saint Jean, que l'Église n'a cessé de redire à ses fidèles dans le cours des siècles.

Les mêmes préoccupations dominent saint Thomas quand il trace leur ligne de conduite aux Catholiques qui peuvent être dans l'occasion de discuter publiquement avec les Juifs. Pleines d'actualité sont ses réflexions. L'orateur catholique, dit saint Thomas, doit être un convaincu et non un hésitant ou un sceptique ; il doit avoir conscience de sa mission de défenseur de la vérité. Il faut avoir égard aussi à la qualité des auditeurs. Si l'on s'adresse à des hommes intelligents et instruits, la discussion contradictoire n'offre aucun danger. L'auditoire est-il au contraire composé de gens simples et de conviction peu robuste, il est nécessaire de distinguer : Dans les régions où la propagande adverse se fait, les discussions publiques sont nécessaires, pourvu que l'orateur catholique soit assez fort et capable de confondre son contradicteur. Ailleurs, dans les milieux où l'erreur n'a pas encore pénétré, il serait dangereux de disputer en public des questions religieuses ; la conscience des auditeurs pourrait en être troublée (1).

Dans ses autres manifestations, l'antisémitisme religieux de saint Thomas est d'allure plus médiévale. Aussi faut-il, pour le comprendre, se remémorer les idées politiques et les institutions de son temps.

La royauté sociale du Christ est le dogme et

---

(1) *Summ. Theol.*, II, II, q. 10, art. 7.

la réalité politiques du moyen âge. C'est vers la destinée surnaturelle de l'humanité, rachetée par le sang du Fils de Dieu, que sont orientées la vie individuelle et la vie publique. La religion chrétienne pénètre donc intimement les institutions, et le premier devoir des princes est d'en favoriser l'expansion. Ils sont comme les collaborateurs de l'Église dans son auguste mission ; au besoin ils mettent leur épée à son service (1).

N'eût-il pas été absurde, dans l'organisation politique basée sur ces données, d'accorder aux Juifs une part d'autorité dans le gouvernement? N'eût-il pas été contradictoire de nommer sous-lieutenants du Christ, ses plus obstinés négateurs ? Nos pères avaient les idées trop nettes, l'esprit trop juste, pour souscrire à un pareil illogisme. Ils avaient la conception vraie de l'adéquation nécessaire des moyens à la fin ; ils l'appliquaient partout, en politique comme en architecture. La fantaisie et le caprice n'étaient pas leur fait.

Lors donc que le Juif se présentait pour briguer une fonction publique, on lui disait : Votre place n'est pas ici. Vous n'êtes pas l'homme droit dans la voie droite. Nous croyons, nous Catholiques, que le Christ est descendu sur terre, qu'il est mort pour nous racheter, qu'il nous a rouvert l'accès à nos destinées éternelles, qu'il nous a tracé la route à suivre. Vous croyez, vous, que le Messie doit encore venir ; vous attendez qu'il rétablisse votre terrestre royaume de Jérusalem. Le Christ, vous le traitez

---

(1) S. Thomas. *De regimine principum*, livre I, chap. 14 et 15.

d'imposteur et ses commandements, vous les méprisez. Nous ne sommes donc point d'accord sur la direction à prendre, et il serait insensé que nous nous laissions conduire par vous (1).

Ce fut l'attitude constante de l'Église, durant le moyen âge. Papes, évêques et conciles rappelèrent fréquemment aux princes séculiers qu'il fallait interdire aux Juifs l'accès des fonctions publiques (2).

La logique du système politique admis s'opposait même d'une façon générale à ce que les Juifs exerçassent des professions leur donnant autorité ou influence sur des Catholiques. C'est ainsi notamment, saint Thomas le rappelle, qu'ils ne pouvaient tenir les Chrétiens en esclavage. Tout esclave d'un Juif, né dans la maison de ce juif ou acheté pour servir, et qui embrassait le christianisme, devait être rendu à la liberté. Son maître Juif perdait tout droit sur lui et ne pouvait réclamer aucune indemnité. Si c'était un esclave acheté pour le commerce, le Juif devait le mettre en vente dans les trois mois (3).

Telles sont les mesures antisémites approuvées par saint Thomas. Leur exécution réclamait comme une première condition la docilité des Catholiques aux décrets des conciles. L'intervention réitérée des autorités ecclésiastiques semble établir qu'elles n'étaient pas toujours écoutées...

(1) *Sum. theol.*, II, II, q. 10, art. 10.
(2) « Il ne faut pas confier de fonctions publiques aux Juifs et aux payens ni leur donner juridiction sur les chrétiens », c'est en ces termes que Gonzalez Tellez résume la doctrine du droit canon. Cfr. *op. cit.*, chap. 16.
(3) Il y avait là, en définitive, une expropriation, avec ou sans indemnité, pour cause religieuse. Gonzalez Tellez en discute longuement la légitimité. Cfr. *op. cit.*, chap. 1 et 2.

Il était nécessaire ensuite que, pour se garder du commerce des Juifs, on pût les discerner des Chrétiens. L'idée vint de marquer la qualité des Juifs dans leur accoutrement. Cette pensée paraîtrait pour le moins singulière à notre époque où tout le monde s'habille de vêtements uniformes ; mais aux gens du moyen âge, qui aimaient la variété des costumes, cela devait sembler moins extraordinaire. La désolation de Graetz, quand il narre cet épisode de l'histoire d'Israël, est, pour ne pas dire plus, très exagérée(1). Les Pères de Latran statuèrent donc que les Juifs devaient se distinguer des Chrétiens par une particularité quelconque de leur habillement. Saint Thomas ne fait que rappeler ce décret du concile œcuménique, quand il écrit à la duchesse de Brabant : « Il faut qu'en tout royaume chrétien et en tout temps, les Juifs des deux sexes soient distingués des nationaux par un signe extérieur. »

Justifié en principe par les considérations théoriques déjà développées, l'anti-sémitisme thomiste se légitimait aussi en fait, et l'événement démontrait la sagesse des précautions prises contre les Juifs.

Nous pourrions, à cet égard, invoquer les considérants des décrets des conciles ou les préambules des lettres pontificales. Mais il nous plaît de nous appuyer au contraire sur le témoignage des Juifs eux-mêmes et de nous entendre dire par leur grand historien, si partial pour eux, que l'Église avait raison.

Le Talmud, affirme Graetz, et on peut l'en

---

(1) GRAETZ, *op. cit.*, t. VII, p. 22.

croire, prescrivait aux Juifs de circoncire leurs esclaves (1). Ailleurs, le même auteur signale que les Juifs avaient été pour une bonne part les inspirateurs de l'hérésie albigeoise ; une secte albigeoise prétendait notamment que la loi des Juifs était meilleure que la loi des Chrétiens (2).

De la part des Juifs, c'était mal reconnaître la tolérance de l'Eglise à l'égard de leur religion et de leur culte. Ils s'unissaient à ses pires ennemis et leur fournissaient des armes. Et tandis que l'Église professait la doctrine qu'il ne fallait baptiser les enfants Juifs que du gré des parents, les Juifs se livraient à un indiscret prosélytisme ; ils imposaient la circoncision aux Chrétiens qui étaient en service chez eux.

Dans ces conditions, l'antisémitisme de saint Thomas n'était autre chose que l'exercice du droit de légitime défense.

§ III. — Saint Thomas et Drumont.

On en vient naturellement, après avoir médité saint Thomas, à évoquer l'antisémitisme contemporain qui, en France, a pris comme cri de guerre « La France aux Français ».

Et certes les analogies sont indéniables. Chez saint Thomas et chez Drumont, il est une préoccupation commune : se défendre contre les Juifs. Tempérament à part, les deux auteurs sont bien près de se rencontrer dans leurs conclusions pratiques.

(1) GRAETZ, *op. cit.*, t. V, p. 46 ; cfr. *ibid.*, p. 72.
(2) GRAETZ, *op. cit.*, t. VII, p. 13.

Que clame en effet Drumont dans ses livres retentissants ?

Ne vous abaissez pas, dit-il aux descendants des vieilles familles de France, ne vous abaissez pas à frayer avec les Juifs ; n'allez pas parader avec eux dans les salons et les théâtres ! Songez à l'exemple que vous donnez. Pensez aux réflexions que feront les simples et les humbles quand ils liront vos noms historiques accouplés avec ces noms d'Hébreux arrivés hier d'Allemagne ou de Galicie. Et vous, peuple de France, demandez-vous si vous pouvez permettre à ces Israélites exotiques, qui ne sont pas de chez vous, qui n'ont ni le sang français dans les veines, ni les traditions nationales dans l'esprit, ni l'amour de la patrie au cœur, demandez-vous si vous pouvez leur permettre de s'installer chez vous comme en pays conquis ? Ils sont les rois de la France ; leur or — qu'ils ont eu soin d'ailleurs de vous voler — achète les voix des députés qui votent les lois et la plume des journalistes qui forment l'opinion publique. Ils sont vos maîtres et vous imposent leur mauvaise civilisation sémite, à vous, nobles Aryens. Ils insultent vos croyances, ils déshonorent vos institutions traditionnelles. Ils faussent les esprits, et corrompent les âmes. Peuple de France, ressaisissez-vous !

Entre l'antisémitisme de saint Thomas et celui de Drumont, il y a toutefois des différences.

L'antisémitisme de saint Thomas est religieux et déductif.

L'homme contre lequel saint Thomas se prémunit est le Juif de religion (1). Cette qualité suffit pour qu'il en déduise immédiatement ses conclusions antisémites. La fréquentation des Juifs lui paraît, *a priori*, dangereuse pour les chrétiens. L'influence sociale des Juifs, si l'on n'y prend garde, doit être pernicieuse dans une société organisée sur des bases chrétiennes.

Tout autre est la méthode de Drumont. Il est l'écrivain observateur qui a analysé, dans son pays, les organes principaux de la vie nationale. Il a constaté des troubles dans ces organes, et le Juif lui est apparu, trop exclusivement peut-être, comme la cause du mal. Drumont a procédé par induction : son antisémitisme est le fruit de ses études de psychologie sociale.

Sa conviction sur le péril juif une fois établie, il a cru devoir le dire à ses compatriotes. Mais à quel titre leur a-t-il dénoncé le Juif? Comme l'homme d'une religion fausse? Non. « Nous n'avons jamais poursuivi contre les Juifs une

(1) Il est d'ailleurs en cela d'accord avec l'Église. Dans ses canons antisémites, l'Eglise ne vise, en parlant des Juifs, que ceux qui pratiquent la religion juive : « *Juifs et Sarrasins*, écrit le canoniste Gonzalez Tellez, *ce sont là noms de religion, et non point de nation, et sont réputés Juifs tous ceux qui, s'attachant à la seule formule de l'Ancien Testament, rejettent entièrement le Nouveau.* » Abandonnent-ils cette religion pour embrasser le christianisme, l'Eglise les prend même s us sa protection. « *Si l'un d'eux, par la grâce de Dieu, se convertit à la foi chrétienne, qu'on ne le dépouille d'aucun des biens qu'il possède. Que si cette prescription n'était pas observée, nous ordonnons sous peine d'excommunication, aux princes et autorités constituées de ces régions, qu'ils fassent rendre intacts aux Juifs leur patrimoine et leurs biens.* » (Concile de Latran, 1179).
Cette intervention protectrice de l'Église n'était pas à vrai dire sans objet. Une bizarre coutume s'était introduite en effet, on ne sait quand, ni comment, dit Stobbe. Sous prétexte qu'il fallait dépouiller le vieil homme, il arrivait qu'on enlevât tous leurs biens aux Juifs qui se convertissaient. Le concile de Latran de 1179 interdit ces spoliations (Cf. O. Stobbe. *Die Juden in Deutschland wahrend des Mittelalters*, Braunschweig. 1866, page 167.— Em. Rodocanachi. *Le Saint-Siège et les Juifs*. Paris, 1891, p. 293.)

campagne religieuse, écrit-il (1). » C'est comme l'homme d'une autre race que le Juif est nuisible à ses yeux.

« La vérité est que la race juive ne peut vivre dans aucune société organisée ; c'est une race de nomades et de Bédouins. Quand elle a installé momentanément son campement quelque part, elle détruit tout autour d'elle, elle coupe les arbres, elle tarit les sources et on ne trouve plus que de la cendre à la place où elle a dressé ses tentes. »

« Le Juif n'a pas le cerveau fait comme nous. Dans son cerveau il n'y a pas de place pour l'idée du prochain, pour la pensée qu'il existe d'autres hommes qui aient des droits, des intérêts légitimes. Une fois qu'une convoitise s'est emparée de ce cerveau, le Juif va tout droit, il a une espèce d'hypertrophie du MOI. Emporté par ce *moi* inexorable il n'est gêné par aucun scrupule, il obéit à une sorte d'impulsion de névrosé servie par une merveilleuse subtilité pratique (2). »

Pour Drumont, la question juive n'est donc pas une question religieuse, mais une question sociale et économique (3). Il a gratté le Juif, et a cru découvrir le Sémite.

C'était faire la partie belle aux avocats de la synagogue.

Les Juifs, une race distincte ? se sont-ils

---

(1) ED. DRUMONT. *La dernière bataille.* Paris, 1890. Préface.
(2) DRUMONT. *Ibid.*
(3) « La vérité est qu'à aucune époque, dans aucun pays, la question juive n'a été une question religieuse, mais toujours et partout une question économique et sociale... Il est absolument faux que les mesures prises contre les Juifs aient jamais été inspirées par des considérations confessionnelles. » (DRUMONT, *ibid.*)

écriés. Mais rien n'est moins démontré. Il y a du sang aryen dans les artères d'Israël, comme il y a du sang juif dans les veines des peuples chrétiens. Il y a eu trop de croisements séculaires entre Juifs et non-juifs pour qu'on puisse donner à l'antisémitisme ethnologique un étai scientifique. Ignorez-vous, d'ailleurs, qu'il n'est plus possible de fonder la nationalité sur l'unité de race ? Quelle nation d'Europe ou d'Amérique résisterait à l'épreuve si l'on s'avisait d'en analyser les éléments constitutifs ? Y en a-t-il une qui ne soit une mixture de groupes hétérogènes ? Elle est bien plus subtile et plus complexe que vous ne le pensez, l'idée de nationalité. Cessez donc de prétendre que le Juif ne peut faire partie d'aucune nation, parce qu'il serait d'une race à part (1).

Ces critiques adressées à l'antisémitisme qui réduit la question juive à un conflit de races, — n'en laissent pas moins subsister le fait que le Juif a partout une physionomie particulière. Sous toutes les latitudes, il a gardé certains traits identiques ; au milieu des civilisations les plus dissemblables il est resté lui-même avec son caractère distinct, son tempérament spécial. L'insociabilité et l'exclusivisme d'Israël sont indéniables ; les écrivains juifs eux-mêmes le reconnaissent (2).

Où donc est l'explication dernière et vraie de la permanence des Juifs comme nation distincte malgré leur dispersion au milieu des

---

(1) Cfr. A. LEROY-BEAULIEU, *Israël chez les nations*. Paris 1893. — BERNARD LAZARE, *L'Antisémitisme*. Paris, 1894. — E RENAN. *Qu'est-ce qu'une nation ?* Paris, 1882.

(2) Cf. p. ex., BERNARD LAZARE, *Op. cit.*, pp. 3 et suiv.

peuples ? Dans le sang, dans la race ? Non, encore une fois. — Elle est dans la religion juive (1).

C'est elle qui a maintenu le type juif partout et toujours, avec ses particularités physiques et mentales, avec son inassimilabilité, sa morgue et son immense orgueil. Elle a été pour le peuple juif à la fois un ciment et un isolant.

La religion talmudique est une religion du corps autant que de l'âme. Et, comme il arrive dans certains ordres religieux dont les membres suivent un même régime de vie, le rituel minutieux, les prescriptions légales sur la nourriture, sur l'hygiène, ont eu leur contre-coup physiologique. La religion talmudique a encore façonné le cerveau juif par les pratiques cultuelles et l'enseignement de ses docteurs. Le culte a gardé, à travers les siècles, un caractère national. Les cérémonies juives ne sont que la commémoration des joies et des deuils d'Israël. Jérusalem, la cité sainte, reste la Patrie, vaincue, mais éternelle, que le Messie relèvera et qui aura l'empire du monde. Le Juif demeure donc un nomade dans les pays qui lui donnent l'hospitalité ; il ne s'attache point au sol, ni pour le cultiver, ni pour le défendre : mauvais laboureur, mauvais soldat, dit la gent populaire. Que lui importe, à lui qui est du peuple élu, l'histoire des autres peuples, des Gentils ! et leur tradition et leur

---

(1) BERNARD LAZARE le reconnaît :« Partout et jusqu'à nos jours, écrit-il, le juif fut un être insociable. Il était insociable parce qu'il était exclusif, et son exclusivisme tenait à son culte politico-religieux, à sa loi. » *Op. cit.*, p. 3. Cf. A. LEROY-BEAULIEU, *op. cit.*

renom ! Il les méprise et les exploite. Et s'il doit renoncer à restaurer la patrie réelle de Jérusalem et à commander de là au monde, il réalisera cependant la conquête juive en s'emparant des forces vives des nations qui l'ont accueilli, en leur imposant ses conceptions, en les imprégnant de sa civilisation.

Drumont s'est borné à donner à son antisémitisme les allures d'un mouvement national. C'était très habile, s'il voulait provoquer contre les Juifs une poussée insurrectionnelle, en un jour d'émeute. On eût vu alors sous le même drapeau les rédacteurs de la *Croix* et Mme Séverine, le marquis de Morès et les bouchers de la Villette, le député Delahaye et l'écrivain Chirac. Mais le coup de main, s'il fut jamais projeté, a été ajourné indéfiniment et on a eu le loisir de réfléchir. Les hommes de divers partis et de philosophies adverses que Drumont a réunis en leur claironnant : « la France aux Français », ont dû se dire : Nous sommes d'accord avec Drumont pour trouver que « la machine sociale fonctionne en mode subversif », mais après ? Quand nous en aurons extrait le Juif qui la détraque, quel moteur lui donnerons-nous et quel régulateur ? Il serait pourtant bon de nous mettre d'accord là-dessus...

Non. Faire de la question juive une question de race, c'était assurer le succès momentané de l'antisémitisme, mais c'était aussi en compromettre les résultats futurs.

Tel qu'il est cependant, l'antisémitisme de Drumont a eu du bon ; ses livres sont des traités de pathologie sociale ; ils ont fixé l'attention sur le mal dont souffre la France. Et si le diagnostic est erroné, on peut le rectifier.

Ce n'est pas en effet le sémitisme qui a conquis la France, c'est l'athéisme. Mais la France ne l'eût peut-être pas compris si Drumont le lui avait dit.

Quand un peuple, chrétien comme l'était jadis la France, cesse de l'être, ses destinées se transforment. Point n'est besoin de recourir à une action immédiate de la Providence pour expliquer le fait. Il est incontestable que les croyances d'un peuple et sa morale exercent sur lui une influence large et profonde. Elles sont comme le gouvernail du navire ou l'aimant de la boussole. Brisez le gouvernail ou dépolarisez l'aiguille, et le marin est ballotté à l'aventure, l'aiguille tourne folle.

Ainsi de la France. La Révolution rompit les séculaires attaches sociales avec l'Au-delà. Et alors l'on vit ce dont parle Lamennais : « Le bien, le mal, l'arbre qui donne la vie et celui qui produit la mort, nourris par le même sol, croissant au milieu des peuples qui, sans lever la tête, passent, étendent la main et saisissent leurs fruits au hasard. » Toutes les opinions philosophiques et toutes les confessions religieuses acquièrent droit de cité. La religion du vrai Dieu cessant d'être la religion officielle dans l'État devenu neutre, la religion de l'or et celle du plaisir ont bientôt d'innombrables fidèles. A la faveur de cette aveugle tolérance, les Juifs voient se briser les barrières que l'ancienne société avait élevées autour d'eux. Et quand, se détournant du Dieu antique, le peuple donne ses adorations au veau d'or, les Juifs se font les prêtres salariés du nouveau culte...

Saint Thomas et ses contemporains étaient mieux inspirés. Ils avaient sur la politique comme sur toutes choses des vues admirablement synthétiques (1). Les questions d'origine et de fin prennent à leurs yeux une capitale importance. Tout est ramené à la destinée immortelle de l'homme ; l'ordre social devant faciliter à l'individu la réalisation de cette destinée, la religion catholique tient, dans les préoccupations des gouvernements, la première place. Elle est le principal élément vital pour la société comme pour l'individu ; l'attaquer, c'est se faire tueur d'âmes et ce crime est puni comme l'homicide.

Il n'était pas requis d'ailleurs, dans ce système, d'être intransigeant à l'égard des Juifs ni de les contraindre à se faire chrétiens ou à laisser baptiser leurs enfants, ni de leur interdire l'exercice de leur culte. Il suffisait de les empêcher de mettre la main à la « machine sociale », parce que, leurs conceptions des choses étant autres, ils l'auraient fait « fonctionner en mode subversif »…..

---

(1) Voir le beau livre d'ÉDOUARD CRAHAY sur *la Politique de saint Thomas d'Aquin*. Louvain, 1896 : Bibliothèque de l'Institut supérieur de Philosophie, rue des Flamands, 1.

CHAPITRE II

L'ANTISÉMITISME DU DROIT PUBLIC MÉDIÉVAL

§ I. — Le servage des Juifs.

Le droit public médiéval fut plus sévère pour les Juifs que les canons de l'Église romaine, et le législateur civil ne se contenta pas de l'antisémitisme purement défensif des Papes et des conciles. Il fit aux Juifs une situation particulière ; il les relégua dans les bas-fonds de l'édifice social ; il les rejeta dans la catégorie des serfs. *Judæi sunt servi,* répètent à l'envi les jurisconsultes et les légistes.

A dire vrai, l'épithète de *servi* ne nous apprend pas grand'chose sur la condition civile des Juifs ; car nombreuses et variées étaient les modalités du servage médiéval. La notion précisée, il reste d'ailleurs à s'enquérir de la raison pour laquelle les Juifs étaient maintenus dans les couches inférieures de l'État.

Les auteurs français qui ont écrit sur la condition des personnes au moyen âge, se bornent à l'énoncé de la théorie juridique sans en rechercher les motifs.

« Quand la féodalité se constitue, écrit M. Henri Beaune, elle ne classe les Juifs dans aucune caste sociale ; elle les exclut de toutes, si ce n'est de celle des serfs ; elle ne les élève pas même au rang de simples roturiers... Les seigneurs s'efforcent, vers la fin du xiie siècle, de les rendre patrimoniaux. Le Juif ne fut plus libre de transférer son domicile hors de la baronnie dans laquelle il s'était fixé ; sa personne et ses biens furent assujettis au droit de suite..... Non seulement il lui fut défendu de quitter la terre seigneuriale sur laquelle cet éternel vagabond avait passagèrement planté sa tente et ouvert son comptoir ; non seulement le baron avait le droit de le poursuivre partout où il se transporterait, et concluait avec ses voisins des conventions pour s'interdire réciproquement de le recevoir, mais, aux termes des Établissements de saint Louis, ses meubles étaient la propriété du seigneur, qui ne les laissait entre ses mains que par tolérance. Auparavant, on lui défendait de posséder des biens-fonds ; on lui contestait, au moins sous saint Louis, non seulement le droit d'acquérir des terres nobles, ce qui pouvait rigoureusement s'expliquer par sa condition, mais encore des héritages en roture..... On le frappait d'impôts énormes... (1) »

M. Paul Viollet n'explique pas davantage les origines de la théorie médiévale sur le servage des Juifs. Mais il nous intéresse par sa tentative d'en endosser la responsabilité à saint Thomas d'Aquin.

« Le Juif, écrit-il, est *servus* du roi ou *servus* du seigneur. Son maître peut disposer de tout

---

(1) BEAUNE (H.) *Droit coutumier français. La condition des personnes.* — Paris, Larose et Forcel, 1882, p. 281.

ce qui a l'apparence d'être la propriété du Juif ; et voilà du coup toutes les spoliations justifiées par cette belle théorie (1). Elle s'épanouit au xiii° siècle : elle est exposée, à cette époque, par saint Thomas d'Aquin qui formule ainsi le principe : *Les Juifs sont civilement les serfs des princes* (2). »

Théologiens et canonistes considèrent le servage des Juifs comme une juste punition infligée à la race déicide (3). Leur punition, fondée sur la reconnaissance de l'intervention de la Providence dans les choses de ce monde, laisse toutefois dans l'ombre les raisons immédiates du fait.

Une théorie qui eut sa vogue en Allemagne et semble dater du xii° siècle assigna des origines romaines au servage juif. « Le roi Titus, ainsi s'exprime l'auteur du *Schwabenspiegel*, donna les Juifs en propriété à la Chambre impériale, en sorte qu'ils sont encore les serfs de l'empire (4). »

Ce n'est évidemment là qu'une fantaisie de la grande légende impériale.

A tout le moins plausible est la version du

---

(1) M. PAUL VIOLLET renvoie ici en note à « Saint Thomas d'Aquin, édition de Parme, Table V° *Judœi.* »

(2) VIOLLET (P.) *Précis de l'histoire du droit français*. 1" fascicule. Paris, Larose et Forcel, 1881, p. 305.

(3) « Bien que, selon la doctrine des juristes, les Juifs, *par une juste punition de leur faute*, soient ou fussent autrefois condamnés à un perpétuel esclavage... » (S. THOMAS. *De regimine judœorum ad ducissam Brabantiœ.*)
« Ayant commis un péché grave, ils subissent une lourde punition et, déchus de leur ancienne dignité, ils sont devenus les serfs des nations. » (GONZALEZ TELLEZ, *op. cit.*, XIII, nota).

(4) CARMOLY, *Coup d'œil sur les Juifs d'Allemagne*, dans la *Revue orientale*, Bruxelles, 1841, p. 183.

juriste allemand Stobbe (1). L'origine du servage des Juifs serait, d'après lui, contemporaine des premières croisades. Des bandes d'aventuriers, recrutés sur les bords du Rhin pour la guerre sainte, trouvèrent étrange l'idée d'aller guerroyer au loin contre les Musulmans, détenteurs du Saint Sépulcre, tandis qu'on laissait en paix le peuple déicide lui-même. Ils commencèrent donc par s'en prendre aux Juifs qui se trouvaient à leur portée, et le sang d'Israël coula à flots dans les rues de Cologne, de Mayence, de Spire, de Worms et de Trèves (2). Les Juifs aux abois s'adressèrent à l'empereur et le supplièrent de les défendre. L'empereur y consentit, moyennant le paiement d'une redevance, et de ce jour les Juifs devinrent ses protégés ; ils furent appelés les serfs de la Chambre impériale (*servi cameræ, Kammerknechte*) (3).

Jusque-là leur condition civile demeurait intacte ; vis-à-vis des tiers même ils jouissaient de garanties spéciales : les molester, eux les adoptés de l'empereur, était presque un crime de lèse-majesté ; lancer des pierres dans leurs synagogues, violer leurs cimetières étaient des faits gravement punissables (4).

Mais la notion du servage caméral se trans-

(1) STOBBE (O.) *Die Juden in Deutschland während des Mittelalters*. Braunschweig, 1866. Cfr. GRAETZ, *op. cit.*, VI, 113, 182-183 et 268.

(2) Cfr. ROHRBACHER *Histoire de l'Église*, t. XIV, p. 490.

(3) La protection des Juifs était comme un droit régalien. Quiconque prétendait, dans une ville ou dans une région, exercer sur eux un droit de souveraineté et notamment leur imposer des taxes, ne le pouvait qu'en vertu d'une concession impériale. Au cours des temps, le droit de « tenir des Juifs » fut accordé fréquemment, tantôt à des villes, tantôt à des seigneurs.

(4) STOBBE, p. 42 ; GRAETZ, VI, 267-269.

forma, sans qu'il soit possible de préciser les phases ni les raisons déterminantes de son évolution.

La dépendance des Juifs à l'égard de l'empereur se fit plus étroite ; leur faculté d'aller et de venir librement fut progressivement restreinte ; et il advint que la confiscation générale punit l'émigration non autorisée. Le fisc, cependant, aggravait ses exigences à leur égard (1) et la propriété de leurs biens finit par être mise en question.

Au xiiie siècle cette évolution était arrivée à terme. Non seulement en Allemagne, mais encore ailleurs, les Juifs étaient hors cadre, avec une liberté personnelle réduite, un droit de propriété précaire et des obligations onéreuses envers le fisc.

En France par exemple (2), ils perdirent depuis Philippe Auguste le droit de se déplacer librement ; ils devinrent comme des serfs attachés à la glèbe. « Personne dans le royaume, ordonnait Louis IX, ne pourra retenir le Juif qui appartiendra à un autre, et celui qui en sera le maître le pourra reprendre comme son serf (3). » La propriété de leurs biens ne leur était rien moins que garantie : « les meubles aux Juifs sont au Baron », disait-on (4).

---

(1) Sur les impôts payés par les Juifs en Allemagne, voir GRAETZ, VI, 270.

(2) GRAETZ, VI, 251.

(3) Ordonnance de Melun, de décembre 1230, art. 2. Voir DE LAURIÈRE, *Ordonnances des rois de France*. Paris 1723, t. I, p. 53. Cfr. *ibid.*, p. 47, une ordonnance semblable de Louis VIII, de l'an 1223.

(4) *Établissements de saint Louis*, livre I, ch. 133. Cfr. BRILLON, *Dictionnaire des arrêts ou jurisprudence universelle des parlements de France*. Paris. 1727, tome III, p. 975-979.

II. — Opinion de saint Thomas.

La condition déprimée des Juifs du moyen âge, n'en déplaise à M. Viollet, n'est pas l'œuvre de saint Thomas. Le Docteur s'est trouvé devant un fait accompli. La théorie juridique était formulée avec toutes ses conséquences, et légalement le Juif était devenu serf quand saint Thomas parut.

Nous n'avons donc qu'à nous enquérir de son opinion sur une législation existante, à l'élaboration de laquelle il est demeuré totalement étranger.

Sa pensée à cet égard peut, croyons-nous, se résumer en deux mots :

Il ne faut pas déduire du principe que les Juifs sont serfs, des conclusions que ne renferme pas le principe.

Dans l'application des conséquences licites de la théorie, il faut s'abstenir de toute rigueur.

Point d'illogisme. Point de sévérité.

Leur ilotisme juridique exposait souvent les Juifs à des vexations qu'on essayait d'excuser après coup en invoquant leur qualité de serfs. D'aucuns trouvaient licite d'étendre à leur fantaisie les limites de leurs droits à l'égard des Juifs.

Il arriva ainsi que certains antisémites dénièrent aux pères de famille juifs l'exercice des droits inhérents à la puissance paternelle. Baptiser les enfants juifs contre le gré de leurs parents, prétendirent-ils, est licite, attendu que les Juifs étant serfs, peuvent se voir enlever leurs enfants par leur seigneur.

Saint Thomas a précisément rencontré cette théorie (1), mais il en a fait prompte justice. Il a signalé la confusion commise et protesté contre l'extension abusive donnée à une disposition de pure législation civile. Les Juifs, dit-il, sont des serfs, c'est vrai, mais c'est la loi positive qui en a statué ainsi. Or sa compétence est restreinte ; elle se renferme dans certaines bornes qu'elle ne peut outrepasser, il est des rapports qu'elle ne peut régler ; tels sont ceux du père aux enfants. Qu'on s'abstienne donc d'invoquer une qualité civile pour bouleverser des relations de l'ordre naturel.

Cajetan, le fidèle et autorisé commentateur de saint Thomas, a longuement motivé l'opinion du Maître contre les subtilités de Scot. S'il peut être permis, dit-il, d'administrer le sacrement du baptême à des enfants de condition servile enlevés d'aventure à leurs parents, il est certainement illicite d'arracher des enfants au foyer du serf pour les baptiser. Il se commettrait là une violation du droit naturel que ne couvre pas la théorie du servage juif. La loi civile ne peut aller à l'encontre des prescriptions d'un droit supérieur ; elle ne peut enlever ni restreindre les facultés dont les Juifs jouissent en vertu du droit divin et du droit naturel (2).

(1) *Sum. Theol.*, II, II, q. 10, art. 12, 2um.
(2) CAJETAN, III, q. 68, art. 10. — Cfr. II, II, q. 10, art. 12.

D'autre part, saint Thomas a eu l'occasion d'apprécier le servage juif en certaines de ses conséquences d'ordre civil.

Il était reçu que les Juifs, parce que serfs, étaient taillables à merci. La duchesse Alix de Brabant eut, à ce propos, des scrupules de conscience qu'elle soumit à saint Thomas. Le texte de la lettre princière est perdu, mais on possède la réponse du Docteur consulté.

Dans la rigueur du droit, écrit-il, il est certes permis au seigneur d'exiger des redevances, puisqu'en principe les biens mêmes des Juifs lui appartiennent. Mais il faut éviter d'aller aux extrêmes. Pourquoi irriter les Juifs ? pourquoi les aigrir, les exaspérer et vous faire maudire d'eux ? Soyez large ; ne les vexez pas par de nouvelles tailles. Laissez-leur le nécessaire et abstenez-vous, par une intervention fiscale plus exigeante, de déranger leur habituel train de vie. Contentez-vous, si toutefois rien ne s'y oppose d'ailleurs, de lever les impôts qu'ils ont eu coutume de payer à vos prédécesseurs (1).

Ces conseils de modération, mal compris, ont valu à saint Thomas une réputation de dureté imméritée (2). Des auteurs philosémites ont isolé du contexte deux mots, pour les traduire littéralement, sans aucun souci de la termino-

---

(1) S. THOMAS. *De regimine Judæorum ad ducissam Brabantiæ.*

(2) « La duchesse Alix de Brabant, ayant besoin d'argent, consulta le casuiste Thomas d'Aquin pour savoir si en conscience elle pouvait soumettre ses sujets hébreux à des taxes arbitraires et même à la confiscation. La réponse de ce fameux dominicain fut, comme on peut bien le présumer, remplie des préjugés de l'époque ; le moine crut que la duchesse serait fort généreuse envers les enfants d'Israël si, en les rançonnant, elle leur laissait ce qui était le plus nécessaire pour leur subsistance. » (CARMOLY, *Essai sur l'histoire des Juifs en Belgique*, dans la *Revue orientale*, Bruxelles, t. I, 1841, p. 83.)

logie scolastique. *Necessaria vitæ subsidia eis nullatenus subtrahantur*, dit saint Thomas. Avec un peu de parti pris on est aisément amené à se dire : Comment ! Laisser seulement aux Juifs de quoi ne pas mourir de faim, de quoi ne pas geler l'hiver ! Oh ! l'abominable cruauté ! et cela de la part d'un moine !

Mais, sous la plume de saint Thomas, le mot *necessarium* a une portée autrement large. Il doit s'entendre de tout ce qui est indispensable au confort de la vie, non seulement de l'individu, mais encore de sa famille. Le nécessaire, dans sa pensée, c'est tout ce qui n'est pas le superflu (1). L'ensemble du passage incriminé aurait dû, semble-t-il, y rendre attentif.

La douceur et l'humanité recommandées en l'occurrence par saint Thomas ont toujours été prêchées par l'Église romaine. Aux jours mauvais des persécutions officielles ou des émeutes populaires, les Juifs se sont toujours tournés vers la Papauté pour réclamer son appui, et la Papauté n'a jamais manqué de prendre leur défense contre les violences d'où qu'elles vinssent. Il y aurait un gros volume à publier si on réunissait les brefs des Papes, recommandant aux souverains la mansuétude ou leur rappelant leur devoir de protéger les Juifs contre les agressions de la plèbe ameutée. Les historiens juifs, malgré leur parti pris, sont obligés de confesser la vérité de ce fait (2). Et sur cette

---

(1) (*S. Th.* II, II, q. 32, art. 6. Cfr. art. 5.)

(2) Les Papes romains, écrit Graetz, étaient de tous, ceux qui traitaient les Juifs avec le plus de douceur et de mansuétude ; ils les protégeaient contre les vexations. (GRAETZ, t. V, p. 41)

question du moins, ils sont d'accord avec Drumont qui résume en ces lignes l'attitude de l'Eglise à l'égard de l'antisémitisme législatif et populaire : « L'Eglise, représentée par son chef suprême, n'intervint jamais que pour essayer de protéger les Juifs, pour blâmer les actes de violence exercés contre eux, pour prêcher la modération à des gens mis hors d'eux-mêmes par les mauvais tours des Juifs (1). »

(1) DRUMONT, préface de *La dernière bataille*.

CHAPITRE III

LA QUESTION JUIVE ENVISAGÉE COMME PROBLÈME ECONOMIQUE

Religieuse par certains côtés, la question juive avait, au moyen âge, un aspect économique très important par suite de la concentration du commerce de l'argent entre les mains d'Israël.

De fait, les Juifs se présentaient comme les grands, sinon comme les seuls prêteurs, et ils étaient de fieffés usuriers. Aux petites gens ils avançaient des sommes minimes, sur gage et à des intérêts énormes calculés à la semaine. Aux grands et aux souverains ils baillaient des fonds, sur hypothèque ou moyennant la concession de recettes publiques.

La question juive en prenait un caractère particulièrement irritant, parce que l'antisémitisme religieux s'alimentait de l'exaspération furieuse des débiteurs mis sur la paille. Le financier rapace, le créancier impitoyable étaient plus odieux peut-être à la plèbe que les descendants des meurtriers qui avaient clamé le *Crucifige*. Combien de soulèvements populaires, couverts du prétexte de l'intolérance confessionnelle, sont dus en réalité à des mobiles tout terrestres (1) !

§ I. — L'usure juive.

La pratique de l'usure par les Juifs du moyen âge est un fait historique, incontestable et incontesté. D'innombrables documents authentiques en font foi. Mais un débat est engagé à son occasion entre philosémites et antisémites, les uns s'efforçant d'excuser les Juifs, les autres de les confondre.

Que leur reproche-t-on ? le commerce usuraire de l'argent, disent les premiers ! Mais ils n'en sont pas responsables. Les circonstances les ont contraints. L'agriculture n'avait rien qui pût les tenter, car l'incertitude planait sur leurs propriétés ; on ne leur contestait peut-être pas le droit d'acquérir, mais on ne se gênait pas pour excuser les spoliations dont ils étaient l'objet, en leur niant le droit de posséder. Les corporations des métiers et négoces leur étaient fermées ; les professions libérales leur étaient interdites. Une seule carrière leur demeurait ouverte : le commerce d'argent et, ressource insuffisante, la friperie et le bric-à-brac. Sans doute le prêt à intérêt était défendu par l'Eglise, mais ses anathèmes passaient par-dessus la

---

(1) Les Juifs n'étaient pas seulement détestés comme usuriers, mais encore comme agents du fisc, collecteurs de taxes, fermiers des impôts. Les grands seigneurs en effet, les princes, les nobles se voyaient forcés, pour payer aux Juifs les intérêts des grosses sommes empruntées, d'hypothéquer leurs revenus, les redevances de leurs subordonnés. Alors les trafiquants Juifs venaient faire avec l'agent des taxes seigneuriales le recouvrement de ces redevances, et voilà comment les Juifs s'attiraient la haine et passaient pour les « extorqueurs et les infâmes ennemis du peuple». (Cfr. J. Janssen, *L'Allemagne à la fin du moyen âge*. Paris, 1887. p. 374.)

tête des fidèles de l'ancienne loi et n'atteignaient que les chrétiens. Obligés par les lois et par les mœurs à vivre du prêt à intérêt, sont-ils si coupables d'avoir dépassé la mesure? Est-on en droit de reprocher à l'affamé de manger goulûment du seul mets qu'on laisse à sa portée (1)?

Et les antisémites de répondre : Juif et usurier sont deux mots synonymes, dans l'espace et dans le temps ; l'âpreté au gain est une qualité de race. L'avidité du profit facile caractérisait déjà les Juifs de l'ancien Testament. Écoutez les objurgations d'Isaïe et les lamentations de Jérémie. Ceux d'aujourd'hui n'ont pas dégénéré : ils sont devenus les rois de la finance, grâce aux accaparements scandaleux et aux audacieux coups de Bourse. Toujours et partout le Juif est un être parasitaire vivant aux dépens de son entourage. Le prochain du Juif, c'est le seul fidèle de la synagogue ; les autres n'ont pas à se réclamer des règles de l'honnêteté ; ils sont proie à exploiter. Non, de transitoires circonstances ne sauraient excuser l'usure juive. Celle-ci est le produit de la morale juive, morale de l'argent, morale sans cœur pour les *goym*.

Trancher une querelle de cette complexité à coup d'arguments généraux serait évidemment faire besogne peu sérieuse : rien de moins scientifique qu'un tel procédé. Même en restreignant le débat à la seule époque de saint Thomas, il faudrait préalablement connaître à fond l'état social des différents pays, le régime

---

(1) STOBBE, p. 105. — GRAETZ, VII, p. 111.—ENDEMANN, *Studien in der romanisch-kanonistischen Wirthschafts-und Rechtslehre,* Berlin, 1883, t. II, p. 387.

de la propriété foncière, les règlements des gildes d'artisans et de commerçants, les lois ecclésiastiques et civiles, la vie industrielle, agricole et commerciale, l'enseignement des synagogues, les mœurs juives. Bref il faudrait d'abord, d'après d'authentiques documents, faire revivre ces temps écoulés, évoquer toute cette civilisation disparue... En attendant que se lève le Taine ou le Janssen du XIIIe siècle, l'histoire économique amasse péniblement les matériaux de l'œuvre à construire.

Sans prétendre dire le dernier mot de la polémique engagée, nous indiquerons modestement quelques éléments d'appréciation.

Les auteurs juifs prétendent que leurs coreligionnaires du moyen âge ont été amenés par les événements à s'adonner à l'usure, le prêt à intérêt étant indispensable et l'Église le défendant à ses fidèles.

Mais on oublie que trop souvent les prescriptions ecclésiastiques sont restées lettre morte; pourquoi, sinon, les aurait-on renouvelées si fréquemment? En réalité, d'autres que les circoncis prêtaient à intérêt et les Juifs rencontrèrent dans les Lombards et les Caorsins de redoutables concurrents. L'Église elle-même, d'ailleurs, pourvut plus tard aux besoins du crédit populaire en encourageant la création des Monts-de-piété.

On allègue encore en faveur des Juifs qu'exclus de toutes les professions, ils n'avaient d'autres moyens d'existence que le prêt à intérêt.

C'est une erreur et une exagération.

Il est certain d'abord que les Juifs ont pratiqué l'usure, alors qu'ils occupaient dans la société une situation brillante et honorée. Graetz lui-même en témoigne. Lisez ce passage de son histoire ; il est suggestif :

« Sous le règne de Louis VI et de Louis VII (1108-1180), qui furent très favorables aux Juifs, les communautés israélites du Nord de la France vivaient dans un état de prospérité capable d'exciter l'envie. Leurs granges étaient remplies de blé, leurs celliers de vin, leurs magasins de denrées, leurs coffres d'or et d'argent. Ils possédaient non seulement des maisons, mais des terres et des vignobles cultivés par eux ou par des serfs chrétiens. La moitié de la ville de Paris leur appartenait. Les communautés juives étaient reconnues comme des corporations indépendantes, avec, à leur tête, un prévôt qui avait mission de défendre les intérêts des membres de la communauté et de contraindre les débiteurs chrétiens à payer à leurs créanciers juifs, éventuellement même de les arrêter. Le prévôt juif était élu par la communauté et investi par le roi ou par le baron seigneur de la ville. Les Juifs fréquentaient à la Cour et occupaient des emplois publics (1). »

Ils n'étaient donc, à ce moment, ni des parias ni des vagabonds mis au ban de la société. Et tout de même ils faisaient l'usure, à tel point que Philippe-Auguste, à peine monté sur le trône, prit la très radicale décision d'annuler

(1) GRAETZ, t. VI, p. 168.

toutes leurs créances contre les chrétiens (1).

Leur exclusion de la propriété terrienne n'a du reste pas été aussi complète ni aussi générale qu'on le prétend, pas plus que leur exclusion des professions libérales (2).

Et quand Graetz ajoute que l'interdiction d'avoir des serviteurs chrétiens empêchait les Juifs de cultiver leurs terres (3), il ignore la portée vraie des canons de l'Église. Celle-ci s'opposait avec raison à la possession d'esclaves chrétiens par les Juifs, à cause du danger d'une cohabitation constante avec des maîtres professant une religion hostile. Mais l'Église tolérait parfaitement l'engagement des chrétiens au service des Juifs en qualité d'ouvriers agricoles (4).

On en revient ainsi, en dernière analyse, à

---

(1) DE LAURIÈRE. *Ordonnances*, p. 46.

(2) « Dans le comté de Toulouse, jusqu'à leur expulsion sous Philippe le Bel, ils jouirent de droits et de prérogatives considérables qui les mirent presque sur le pied d'égalité avec les chrétiens. Ainsi non seulement ils y possédaient des biens-fonds en pleine propriété, mais encore ils y exerçaient, malgré la réprobation populaire, les droits de seigneurs directs ou fonciers sur un grand nombre de terres. » (BEAUNE, *op. cit.*, p. 283.)
« Jusqu'en 1306, date de la proscription ordonnée par Philippe le Bel, les Juifs jouirent dans le Midi d'une liberté et souvent d'une influence extraordinaires ; ils furent plus d'une fois admis aux fonctions publiques et jouirent librement du droit de propriété. » (VIOLLET, *op. cit.*, p. 306)
« Un concile tenu à Vienne en 1267 commanda aux Juifs de payer la dîme de leurs terres ; on doit en conclure avec certitude qu'ils pouvaient posséder des terres en propre. » (ROSCHER : *Die Stellung der Juden im Mittelalter betrachtet vom Standpunkte der allgemeinen Handelspolitik*, dans *Zeitschrift für die gesammte Staatswissenschaft* ; tom. 31, p. 513, Tübingen, 1875.)
Voir encore STOBBE qui renseigne de nombreuses sources, *op. cit.*, p. 177 et 276.

(3) GRAETZ, t. VI, p. 271.

(4) L'Église permet aux chrétiens de cultiver les terres des Juifs, parce que cela n'entraîne pas la nécessité de se trouver en rapports constants avec eux. (S. THOMAS, *Sum. Theol.*, II, II, q. 10, art. 9.) — Le Juif peut engager un chrétien pour l'exploitation des terres qu'il possède. (GONZALEZ TELLEZ, *op. cit.*, Cap. II.)

se demander si l'explication principale de l'usure juive n'est pas d'ordre religieux.

Certes l'enseignement moral des rabbins n'était pas pour détourner les Juifs d'exploiter les chrétiens. Comment ont-ils en effet commenté le passage fameux de l'ancien Testament : « tu ne prêteras pas à usure à ton frère » ? Qui est le « frère » au sens des docteurs de la synagogue ? — C'est tout être humain, quelles que soient sa religion et sa race, ont répondu certains rabbins. Mais la plupart ont déclaré que c'est le seul Juif. A l'égard de tout autre, l'usure est licite et, d'après quelques-uns, obligatoire (1).

Stobbe qui a minutieusement étudié la condition juridique des Juifs et non sans une réelle sympathie pour eux, Stobbe incline aussi à croire, à l'encontre de Graetz, que la propension à l'usure est une particularité de la race, une tendance nationale, encouragée par l'enseignement rabbinique.

Quoi qu'il en soit, excusables ou non, les Juifs contemporains de saint Thomas posaient devant l'opinion publique le grave et complexe problème de la répression de l'usure. C'était un des aspects de la question sociale de ce temps-là et, comme toujours, les solutions étaient multiples. L'Église fulminait ses condamnations ; les gouvernements, suivant qu'ils étaient honnêtes ou non, se faisaient justiciers ou complices ; le peuple, simpliste, résolvait

---

(1) Voir STOBBE, *op. cit.*, p. 105-106.

la question à coups d'injures ou à coups de bâton.

Quelle fut cependant l'opinion de saint Thomas ?

Nous la trouvons consignée dans la Somme théologique et dans le *de regimine Judæorum*.

Dans la Somme théologique, il étudie la question principielle du prêt à intérêt.

Dans sa lettre à la duchesse de Brabant (*de regimine Judæorum*), il indique la politique à suivre à l'égard des Juifs usuriers.

§ II. — Doctrine de saint Thomas sur le prêt à intérêt.

Prêter de l'argent, c'est, au sens de saint Thomas, subvenir aux besoins du prochain nécessiteux, en lui transférant la propriété d'une certaine somme avec la stipulation qu'une somme équivalente sera remboursée à l'échéance. Le prêt doit être gratuit en vertu notamment du devoir d'assistance mutuelle qui est une des conditions essentielles de toute sociabilité (1).

Pourquoi le créancier ne peut-il, en principe, exiger que la restitution de la somme prêtée ? Parce que l'argent emprunté est principalement destiné à la consommation. On n'en retire de l'utilité qu'en le dépensant. Un immeuble permet à son locataire de se loger ou d'exercer une industrie sans que la substance de l'immeuble en soit détruite, et ainsi en toute justice le

(1) Cela résulte de son commentaire sur les dispositions légales de l'Ancien Testament (*Sum., theol.*, I, II, q. 105, art. 2, *ad* 4.)

locataire doit, au terme du bail, restituer l'immeuble et payer en outre un loyer pour l'utilité qu'il en a retirée. Mais l'argent ne rend service qu'en sortant de la poche de son possesseur, et quand la somme empruntée a procuré l'utilité dont elle est susceptible, la somme n'y est plus. Son pouvoir d'acquisition une fois exercé par l'emprunteur, tout est fini. Il n'y a donc pas de raison pour que l'emprunteur, en restituant le montant de la somme empruntée, paie en outre le service que lui a rendu l'argent (1).

Il peut arriver toutefois que le prêt cause un tort au prêteur. Celui-ci a le droit, en cette éventualité, de s'en faire dédommager par l'emprunteur, le tort étant le fait de ce dernier (2).

Mais la perte subie par le prêteur est tantôt d'un avantage actuel et certain, tantôt d'un profit futur et probable (3).

Dans le premier cas, si le prêteur perd certains avantages en possession desquels il se trouve, l'emprunteur lui doit une indemnité strictement adéquate au dommage éprouvé (4). Cajetan cite comme exemple le prêteur qui vendrait sa maison à perte ou emprunterait lui-même à intérêt pour pouvoir prêter.

Quand, au contraire, le prêteur voit, par le

---

(1) *Sum. theol.*, II, II, q. 78, art. 1.
Si, exceptionnellement, l'argent emprunté rend service à l'emprunteur, sans que celui-ci doive le dépenser, le prêteur pourra légitimement exiger le prix du service rendu. Tel serait le cas où l'on avancerait une pile d'écus à son voisin désireux de montrer à un visiteur un coffre bien garni. (*Sum. theol.*, II, II, q. 78, art. 1, *ad* 6.)
(2) *Sum. theol.*, II, II, q. 62, art. 4.
(3) *Sum. theol.*, II, II, q. 62, art. 4.
(4) *Sum. theol.*, II, II, q. 78, art. 2. (II, II, q. 62, art. 4.)

fait du prêt, s'évanouir un profit qu'il était seulement en voie de réaliser et que maintes circonstances auraient pu empêcher, il n'est plus fondé à réclamer une indemnité égale à tout le bénéfice possible, mais un simple dédommagement variable d'après les circonstances (1).

Développant la pensée du maître, Cajetan suppose un fabricant ou un négociant dont les fonds sont engagés dans une entreprise industrielle ou commerciale ou qui a réuni des capitaux pour étendre ses affaires. Un emprunteur se présente ; l'industriel ou le commerçant, pour une raison quelconque, se voit moralement obligé d'aider le solliciteur et, à cette fin, de lui prêter les capitaux affectés à son entreprise. Le prêteur aura le droit, dans l'espèce, de réclamer une indemnité, mais sans que celle-ci puisse aller jusqu'au taux du gain qu'il espérait faire dans son industrie ou dans son commerce, ce gain étant, après tout, aléatoire. Son droit à un dédommagement se fonde sur ce que la somme prêtée n'est pas un argent quelconque, ayant le pouvoir d'acquisition de toute somme du même montant entre les mains de n'importe quel possesseur. La somme prêtée, dans l'hypothèse prévue par Cajetan, est dans une catégorie économique spéciale ; elle est de l'espèce des capitaux et elle a reçu cette qualité de la volonté de son propriétaire. Que si, malgré celui-ci, le capital engagé dans l'industrie est détourné de sa destination et redevient fonds de consommation pour servir à un prêt auquel ne peut se refuser le prêteur, celui-ci ne pèche

(1) *Sum. theol.*, II, II, q. 62, art. 4.

pas contre la justice en réclamant une compensation pécuniaire pour le bénéfice qu'il est empêché de faire (1).

Telle est la doctrine thomiste sur le prêt à intérêt. En exposer l'évolution ultérieure, l'adaptation graduelle aux exigences économiques des siècles suivants, serait sortir du cadre de notre travail. Bornons-nous à relever une critique dont elle a été l'objet.

On a accusé saint Thomas d'avoir ignoré la nature vraie de l'argent et d'avoir influé fâcheusement sur le mouvement économique de son temps. Ce reproche se retrouve, en des termes presque identiques, sous la plume de la plupart des économistes libéraux ; on le dirait stéréotypé. Tout au moins, dans le chapitre consacré au prêt à intérêt, se croient-ils obligés de regretter l'inintelligence des théologiens et des canonistes de jadis.

Rien n'est moins justifié que ces critiques.

Saint Thomas d'abord n'a pas nié la puissance productive du capital. *Ille qui habet pecuniam*, écrit-il, *habet lucrum in virtute*. Il a même connu la commandite et affirmé la lé-

---

(1) Deux conditions sont donc requises, d'après le commentateur de saint Thomas, pour que le prêt causant la perte d'un bénéfice probable, autorise le prêteur à stipuler le paiement d'une indemnité : d'abord il faut que le créancier prête une somme dont il avait fait ou dont il allait faire un placement : ensuite il faut qu'il soit contraint de prêter. (Cajetan considère la demande d'un sollicitour en détresse comme une vraie contrainte.) S'il prête volontairement, par exemple s'il aime mieux trouver un gain modéré mais certain en prêtant que de recueillir un bénéfice considérable mais aléatoire en engageant ses capitaux dans l'industrie et que, dans cette intention, il affecte son argent à des prêts de consommation, il enlève lui-même à ses fonds prêtés leur caractère antérieur de capitaux, et il n'a plus de titre à invoquer pour obtenir le paiement d'un intérêt.

gitimité des parts touchées par le commanditaire.

Mais le caractère gratuit du prêt de consommation, il l'a maintenu énergiquement et, en cela, il a eu raison.

L'argent emprunté pour la dépense et non pour le placement n'est destiné à être remplacé entre les mains de l'emprunteur que par une quantité de biens d'une valeur égale à la valeur de l'argent emprunté. Si donc le prêteur stipulait le paiement d'un intérêt, outre le remboursement du capital, il ferait payer un service qui n'a pas été rendu (1).

Qu'on songe maintenant qu'à l'époque de saint Thomas la plupart des prêts avaient ce caractère de subvenir à des dépenses improductives, et l'on ne pourra s'empêcher de reconnaître la sagesse des lois prohibitives de l'usure (2). Ces lois n'empêchaient en réalité aucune opé-

---

(1) S. Thomas, *Sum. theol.*, II, II, q. 78, art. 1.

(2) Des contemporains, affranchis des préjugés de l'école libérale et mieux instruits de la doctrine médiévale et des situations qu'elle régissait, ont loyalement rendu hommage à la législation canonique. « La légitimité de l'intérêt, écrit un économiste distingué, a été vivement attaquée et cela par les représentants les plus éminents du savoir humain... Il faut reconnaître que, pendant l'antiquité comme au moyen âge, cette opinion était fondée. Pendant bien des siècles, le prêt a revêtu presque exclusivement le caractère d'un prêt de consommation. Plébéien de Rome empruntant au patricien pour se procurer du pain, ou chevalier de l'époque féodale empruntant au juif pour s'acheter une armure de bataille, tous consacraient la somme reçue par eux à des consommations personnelles et par conséquent improductives. Dans ces conditions, le prêt ne pouvait être qu'un instrument de ruine. Mais il n'en est plus de même aujourd'hui. Autrefois on empruntait pour avoir de quoi vivre ; aujourd'hui on emprunte pour faire fortune. » L'auteur ajoute toutefois en note : « L'usure, dans certains pays, est encore un fléau public, du moins parmi les populations rurales, et il n'est pas mauvais qu'elle soit flétrie par la loi, d'autant plus que, quoi qu'on en dise, les lois contribuent à former les mœurs. » (Ch. Gide, *Principes d'économie politique*. 3ᵉ édit. Paris, Larose et Forcel, 1891, p. 572).

ration financière utile. Elles ne visaient qu'un abus de crédit très dangereux et cherchaient à briser entre les mains des usuriers un perfide instrument de ruine.

« Si une discipline très nette, écrit M. Claudio Jannet en appréciant la législation canonique sur le prêt à intérêt, n'avait pas empêché l'usure de se développer dans l'intérieur de la société chrétienne, et l'avait laissé pénétrer dans les rapports ruraux par exemple, tous les fruits de l'émancipation des serfs eussent été perdus, les grands propriétaires auraient détruit toute indépendance dans les populations vivant autour d'eux (1). »

§ III. — Solutions pratiques de saint Thomas.

Voilà donc déterminée la valeur morale de l'occupation qui constituait le principal moyen d'existence des Juifs. Il ne restait plus qu'à formuler les conclusions d'ordre pratique. Saint Thomas eut l'occasion de le faire dans sa lettre à la duchesse de Brabant.

L'usure, tel est son point de départ, est une violation de la justice, le créancier touchant ce qui ne lui est pas dû, l'emprunteur payant ce qu'il ne doit pas. Or le devoir de l'État est de redresser le tort et de faire régner le droit. Et son intervention se justifie d'autant mieux que les abus sont plus fréquents et plus nombreux.

---

(1) CLAUDIO JANNET. *Le capital, la spéculation et la finance au XIX° siècle.* Paris, Plon, 1893, p. 80.

S'il est donc arrivé, dans un pays, que les Juifs se sont injustement enrichis par l'usure, qu'auront à faire les pouvoirs publics ?

Leur devoir est clair. Ils auront d'abord à contraindre les Juifs à restitution.

Plus d'une fois les autorités civiles se sont contentées de cela. Seulement, c'était maintenir l'iniquité commise. L'argent confisqué, mais saisi par le souverain, restait toujours de l'argent volé; le voleur seul changeait : au lieu des Juifs, c'était le seigneur.

La justice n'est vraiment satisfaite que si les propriétaires légitimes se trouvent remis en possession. A l'État incombe donc le devoir de verser entre les mains des citoyens volés par les Juifs, le produit de la confiscation légale. Et si l'enquête ne parvient pas à découvrir les victimes de l'usure, il faudra affecter l'argent repris aux Juifs, à des œuvres pies ou à des travaux d'utilité générale.

A chacun des cas proposés par la duchesse de Brabant, saint Thomas applique le même principe : le souverain ne peut faire entrer dans son trésor ni le produit des impôts payés par les Juifs, ni les amendes pécuniaires dont sont frappés les délinquants juifs, ni les présents que lui font des juifs, quand ces impôts, ces amendes et ces présents proviennent de l'usure (1). Cet argent est et reste mal acquis.

C'est assurément une ingrate et peu profi-

---

(1) S. Thomas, *De regimine Judæorum ad ducissam Brabantiæ*.

table besogne pour le prince de faire dégorger toujours les sangsues juives et d'injecter le sang dégorgé aux victimes saignées. Mais, dit saint Thomas, il peut se l'éviter. Pourquoi attendre l'iniquité commise et s'astreindre à la réparer, au lieu de la prévenir? Tolérer que les Juifs demeurent oisifs et vivent en parasites, c'est une inintelligente et coupable politique. Que l'autorité publique les oblige donc à être dans le corps social des membres producteurs! Qu'elle les contraigne à chercher des moyens de subsistance dans le travail utile, au lieu de les laisser se nourrir aux dépens des autres (1).

Des princes contemporains de saint Thomas ont suivi la politique qu'il recommande. Le bon roi saint Louis notamment (2). Il nomma des commissaires pour opérer la restitution de l'argent volé par les Juifs, et il n'autorisa ceux-ci à séjourner en terre de France qu'à

---

(1) S. Thomas, *De regimine Judæorum*.

(2) Ordonnance de Louis IX, de décembre 1254:
« L'ordenance des Juifs nous voulons que elle soit gardée, qui est telle, c'est assavoir que les juifs cessent de usures, et les Juifs qui ce ne voudront garder soient boutés hors et les transgresseurs soient loyaument punis. Et si vivent tous les Juifs des labeurs de leurs mains ou des autres besoignes sans usures. » (de Laurière, *op. cit.*, p. 5)
Ordonnance de Louis IX, 1257 ou 1258. « Les usures extorquées par les Juifs seront restituées à ceux qui les auront payées ou à leurs héritiers... Les commissaires députés pour l'exécution des présentes, pourront vendre les maisons, les rentes et les autres biens immeubles des Juifs, à l'exception des anciennes synagogues, des cimetières et des biens sans lesquels les Juifs ne pourraient pas se servir de leurs synagogues. » (de Laurière, *op. cit.*, p. 85)
Ordonnance de Louis IX, en 1268:
« Les marchands, lombards, Caorsins et autres pourront aller et venir dans le royaume pour y faire leur commerce, pourvu qu'ils n'y exercent aucune usure et qu'ils ne fassent rien qui mérite punition. » (de Laurière, *op. cit.*, p. 96)

condition de vivre honnêtement de leur labeur. D'autres souverains en ont fait autant (1).

Le souvenir de ces liquidations d'autrefois est sans doute revenu à l'esprit de Drumont, quand il a écrit : « Imitons saint Louis. Mettons sous les verrous trois cents individus juifs, catholiques ou protestants de naissance, mais qui se sont tous enrichis par le système juif, c'est-à-dire par des opérations financières. Forçons-les à nous restituer les milliards enlevés à la collectivité contre toute justice (2). »

Sans aller jusqu'à proposer la revision des fortunes équivoques, beaucoup de bons esprits demandent aujourd'hui une législation répressive des opérations financières dont le bénéfice semble illicite. A la différence de saint Thomas qui voulait protéger les emprunteurs contre les prêteurs usuriers, ce sont plutôt les prêteurs que l'on cherche de nos jours à garantir contre l'exploitation des emprunteurs, lanceurs d'affaires véreuses. Mais la différence juridique des abus importe peu. Au fond, la préoccupation de saint Thomas et de nos contemporains est la même. Ce que les uns et les autres veulent, c'est empêcher l'argent, hon-

---

(1) L'empereur Frédéric II, par une ordonnance de 1237, obligea les immigrants Juifs à se confiner dans les travaux agricoles. (GRAETZ, t. VII, p. 108.)
Le duc de Brabant, Henri III, en 1260, mit dans son testament la disposition suivante : « Que, de même, Juifs et Caorsins soient expulsés de la terre de Brabant et entièrement extirpés afin qu'il n'y en reste plus un seul, sauf ceux qui voudront trafiquer comme les autres marchands et abandonner l'habitude des redevances et de l'usure. » DEMEURE CH. Les Juifs en Belgique, dans la Revue de droit international et de législation comparée, 1888, t. XX, p. 246.

(2) DRUMONT Éd., La fin d'un monde. Paris, Savine, 1889, p. 229.

nêtement gagné par de braves gens confiants, d'être injustement drainé par des êtres oisifs qui ne travaillent point et ne rendent d'ailleurs aucun service à la nation. Certes la tâche est ardue, mais combien méritoire ! La répression des escroqueries financières est un acte de justice : c'est en outre une œuvre de salut public. Rien n'est perturbateur pour la conscience populaire comme le spectacle, toléré par la loi, de fortunes amassées par les spéculations malhonnêtes. Il en résulte fatalement une déviation du sens moral ; les idées traditionnelles sur la richesse, la propriété et le travail se brouillent ; le concept de la probité s'altère ; la finalité de la vie se perd dans les cerveaux désorientés ; la notion de l'effort fécond s'évanouit dans les âmes fascinées par l'argent gagné sans labeur. Les malins en prennent leur parti ; ils agiotent, ils spéculent. Les faibles et les malchanceux s'enfoncent dans le découragement en attendant le réveil de la Justice ou l'explosion de la Révolution...

CONCLUSION

Concluons.
La finalité essentielle de la vie sociale, dans la conception thomiste, est de faciliter à l'homme la réalisation de sa destinée immortelle. Sa raison d'être subsidiaire est le perfectionnement des multiples facultés humaines par la coopération mutuelle.

De Dieu, à Dieu, par le Christ, telle est la devise du navire qui porte les passagers de l'Etat Chrétien.

Leur religion interdit aux Juifs de souscrire à cette devise. Leurs yeux se tournent vers d'autres horizons, leurs espérances vont à d'autres rives ; ils ne sont pas d'accord avec les chrétiens sur la route à suivre. Que faut-il en faire ? Les maltraiter, les jeter à l'eau ou à fond de cale ? Nullement. Il suffit de ne pas leur laisser la boussole et de les tenir à distance du gouvernail. C'est la première pensée de saint Thomas.

Il ne supprime les Juifs ni directement par le bûcher, ni indirectement par le baptême. Il laisse larges ouvertes les portes des synagogues. Il met même un frein à la cupidité du fisc disposé à puiser jusqu'au fond des coffres israélites.

Mais bonté n'est pas faiblesse. Les idées religieuses et morales d'Israël sont subversives d'une société constituée sur des bases chrétiennes. La saine raison commande d'enlever au Juif toute influence sur la formation des esprits et sur la direction des affaires. Que les particuliers lui ferment donc leurs salons et que l'État l'exclue des bureaux de son administration !

Tout aussi rationnelle est la solution thomiste de la question économique.

Sur le navire où ils sont embarqués avec les chrétiens, les Juifs s'assignent un rôle spécial. Pendant que les chrétiens sont aux manœuvres, les Juifs pillent la chambre des provisions ou trouent la coque du bâtiment. Que faire encore une fois ? « Faites-leur rendre ce qu'ils ont volé, répond saint Thomas. Obligez-les à indemniser les passagers dont ils ont abîmé les bagages, et puis mettez-les aux rames. »

C'est le langage du bon sens. Le fonctionnement normal d'une société exige que chacun fasse son apport. Les Juifs n'apportent rien, ils enlèvent ; ils n'aident pas leurs associés, ils les exploitent. Cela n'est pas admissible. L'État qui a souci de sa conservation et de son progrès, ne peut tolérer qu'ils vivent en parasites au détriment des producteurs ; il doit leur imposer le devoir de la coopération mutuelle qui est une exigence primordiale de la vie sociale.

La Révolution française a rompu avec cette politique qui fut celle de tout le moyen âge chrétien. Elle a résolu la question juive par la liberté ou, ce qui revient pratiquement au même, elle a nié l'existence de la question.

Et voilà qu'apparaît l'insuffisance de la solution de 1791 (1) et que la question juive se pose de nouveau. Sur le navire qui porte la fortune de l'État, on a laissé les Juifs agir à leur guise. Mais il se trouve des passagers pour crier que des Juifs tiennent la barre et qu'on vire de bord. Il s'en trouve d'autres pour crier que le navire fait eau et que des Juifs dérobent le biscuit. Leurs vigoureux cris d'alarme ont de l'écho. Et l'antisémitisme qui était jadis dans les lois, reparaît dans les livres des écrivains, dans les journaux des propagandistes, dans les sentiments du populaire.

Que sortira-t-il du mouvement qui se pré-

---

(1) L'Assemblée Constituante affranchit les Juifs de France par son décret du 27 septembre 1791. L'Angleterre n'a achevé l'émancipation de ses Juifs qu'en 1849 et 1858 ; le Danemark en 1849 ; l'Autriche-Hongrie en 1867 ; l'Allemagne en 1869 et 1871 ; l'Italie en 1860 et 1870 ; la Suisse en 1869 et 1874 ; la Bulgarie et la Serbie en 1878 et 1879. La Russie, la Roumanie, l'Espagne et le Portugal sont seuls à n'avoir pas encore suivi l'exemple de la France. (A. Leroy-Beaulieu, *Israël chez les Nations*, Paris, Calmann Lévy, 1893, p. 2.) — « En Russie, les Israélites sont loin de posséder la liberté et l'égalité civiles. Les Juifs, sujets du Tsar, sont soumis à une législation spéciale, inspirée de défiances en partie religieuses, en partie nationales et économiques. » (A. Leroy-Beaulieu. *L'empire des tsars et les Russes*. Paris, 1889, t. III, p. 622.)

pare ? Nul ne le sait. Les antisémites eux-mêmes l'ignorent. Ne feraient-ils toujours pas bien de méditer la solution thomiste ? Nous le pensons. Et nous croyons aussi qu'il faut souhaiter aux Juifs de ne pas voir le triomphe de solutions plus sévères.

TABLE DES MATIÈRES

INTRODUCTION	3
CHAPITRE PREMIER. — LA QUESTION JUIVE ENVISAGÉE COMME PROBLÈME RELIGIEUX	7
§ I. — LIBERTÉS RECONNUES PAR SAINT THOMAS AUX JUIFS DE RELIGION	7
§ II. — MESURES DE PROTECTION RÉCLAMÉES PAR SAINT THOMAS EN FAVEUR DES CHRÉTIENS	15
§ III. — SAINT THOMAS ET DRUMONT	21
CHAPITRE II. — L'ANTISÉMITISME DU DROIT PUBLIC MÉDIÉVAL	30
§ I. — LE SERVAGE DES JUIFS	30
§ II. — OPINION DE SAINT THOMAS	35
CHAPITRE III. — LA QUESTION JUIVE ENVISAGÉE COMME PROBLÈME ÉCONOMIQUE	40
§ I. — L'USURE JUIVE	41
§ II. — DOCTRINE DE SAINT THOMAS SUR LE PRÊT A INTÉRÊT	47
§ III. — SOLUTIONS PRATIQUES DE SAINT THOMAS	52
CONCLUSION	57

Impr. des Orphelins-Apprentis d'Auteuil, D. Fontaine,
40, La Fontaine, Paris.

www.ingramcontent.com/pod-product-compliance
Lightning Source LLC
LaVergne TN
LVHW022124080426
835511LV00007B/1013